Christian Béron

Bertrand de Broc

Marin-coureur au large

FAVRE

J'aimerais monter un projet sans parler d'argent, avoir les moyens, des routeurs, un entraîneur, n'avoir comme unique porte de sortie qu'une ligne d'arrivée, et la victoire…

Préface

Marin aguerri, Bertrand de Broc fait partie de ces conquérants de l'impossible qui avec humilité mais détermination nous invitent à embarquer pour le large. Depuis son enfance, ce coureur océanique a toujours su composer avec la mer pour en faire le socle de son existence. Spécialiste des grandes courses à la voile, il sillonne tous les océans et y moissonne aussi bien joies intenses que grandes souffrances lors de fortunes de mer diverses. Qu'importe ! Marin accompli, il assouvit son attirance pour ce milieu grandiose et impitoyable. Respectueux de l'océan et de ses valeurs fortes, son engagement quotidien aux côtés de la puissance du large est un remarquable exemple pour les jeunes générations. Tous les navigateurs le savent, il faut faire corps avec son voilier pour affronter un monde aux humeurs changeantes et nous rappeler parfois la dure réalité. Car la mer ne fait pas de cadeau. Elle sait tout donner, elle sait aussi tout reprendre... Bertrand a vécu et nous a tous fait vivre des moments d'intenses émotions. Que dire de son sauvetage dans la tempête par le pétrolier ravitailleur *Durance* de la Marine nationale en 1997 alors qu'il bouclait la course du *Vendée globe,* sinon la formidable manifestation de la solidarité des gens de mer , solidarité qui unit tous les marins comme à bord où règne le plus parfait esprit d'équipage.

Nous retrouvons dans ce livre les valeurs que nous enseignons à l'Ecole navale à nos élèves officiers. Quel bel exemple humain fait de dépassement de soi, de combativité, de courage, de maîtrise de soi, de loyauté et d'humilité ! Quel bel esprit sportif au sens noble du terme ! Ton livre illustre à merveille les raisons pour lesquelles nous t'avons choisi comme notre marin de l'année et le parfait exemple de ce que doit être un véritable homme de mer.

Contre-amiral Pierre Soudan
Commandant l'Ecole navale et le groupe des écoles du Poulmic

Prologue

Dans les cinq minutes

Sur l'eau, les histoires commencent le plus souvent par une ligne. Toujours imaginaire, tirée entre une bouée, un bateau jury, et les réflexions d'un skipper. Elle laisse un souvenir, jamais de preuve. C'est sans doute la mer qui veut ça, tout juste esquissées les traces s'effacent. Ni sillages, ni routes, ni subtiles tactiques en connivence avec les vents, rien n'atteste des luttes.

Les écrits servant de preuves, les récits des courses à la voile et des exploits maritimes préfèrent la parole et l'interprétation des mains. Les marins ne racontent pas, ils commentent plutôt leurs gestes. *Au vent arrière,* paume en creux face à soi; *au près,* paume à plat poignet cassé simulant la gîte, *croisement,* les deux mains se rejoignent comme pour une prière avortée et s'évitent de justesse. La gamme est étendue et les gestes des mains permettent d'interpréter la plupart des situations de régates.

Voici donc une vingtaine de récits transcrits des mains de Bertrand de Broc. J'ai tenté d'y retrouver le ton de ces histoires de quarts qui naissent au large, de celles qui repoussent le sommeil. La catégorie n'est pas précisément définie ni définitivement répertoriée. Le genre mériterait pourtant un peu de reconnaissance, tant il a dû apaiser d'ambiances sous tension ou d'équipages exaspérés par la lenteur de leurs prétendus bolides.

Les conditions optimales de lecture demanderaient la fatigue d'un matin qui tarde, un voilier bien sûr, la rosée ruisselant dans le cockpit, les minutes dilatées de la fin d'un quart. Quand les autres dorment en bas et que la tiédeur des duvets, dont ils n'ont même plus conscience, devient irrésistible. Ces histoires naissent alors, là, dans la vapeur des gobelets de soupe. Elles exigent plus de vraisemblance que de vérité. On les hume en fermant les yeux.

I

Échoué volontaire, suivi d'un astérisque

Bateau : *Optique Beaumont*, autoconstruction
Type : Formule 40
Lieu : Atlantique
Occasion : record du golfe de Gascogne et promenade
Course : Multi Figaro
Année : 1985

Durant l'un des derniers jours du mois de juillet 1985, une dérive du catamaran *Optique Beaumont* profonde de plus de trois mètres a heurté une roche des Pourceaux, aux abords de l'archipel des Glénan. L'importance de la voie d'eau, consécutive au choc, permit néanmoins le retour du navire jusqu'à Bénodet, son port d'attache. Le bateau dut être échoué volontairement sur la grève avant colmatage et réparation.

Ce projet a démarré d'une manière complètement inattendue. En novembre 1985, j'ai démarché à tout hasard M. Beaumont, qui tenait un magasin de lunettes à Pont-l'Abbé. Il n'avait à l'époque qu'une seule boutique. Je lui ai appris l'existence d'un record sur le parcours Port-la-Forêt – Cap Ortegal et retour. À Bénodet, à cette époque, un propriétaire cherchait à louer son catamaran de quarante pieds, un plan Ollier. J'avais l'impression que ce bateau aurait bien pu convenir. J'explique que ce serait peut-être pas mal de faire ce record-là, d'autant que le meilleur temps ramassait une petite enveloppe de soixante mille francs (à peu près le prix d'une bonne voiture à ce moment-là). On verrait bien, ce serait une bonne expérience, plutôt sympa, et puis c'était un bon bateau. Contre toute attente, Optique Beaumont se lance dans l'opération et apporte trente mille francs. On s'est attaqué à ce record un peu à cause perdue, tous les bateaux pouvaient le tenter et nos chances étaient plutôt faibles.

Avant de partir, j'ai dit aux gars : « Voilà, il y a soixante mille francs de prime si jamais on tient le record jusqu'au trente et un décembre. Vous avez dix mille francs chacun, moi j'ai trente mille. Si ça vous va, moi ça me va ! » Tout le monde était content de ma proposition, et début décembre on faisait route sur le cap Ortegal. À bord, j'avais embarqué l'architecte Marcel Stagnol – que je pressentais pour dessiner mon prochain bateau, un quarante-pieds que j'imaginais déjà –, Xavier Kergal, un voilier qui vivait dans le sud, et Philippe Ruault, de Lorient, un bon barreur.

On est revenu soixante-douze heures après, plutôt en mauvais état. On avait eu si froid qu'on ne parvenait même plus à enlever nos bottes. Pour un petit bateau – onze mètres soixante-dix –, les conditions avaient été sévères. Au Cap Ortegal la météo a tourné de cent quatre-vingts degrés, nous aussi. C'était parfait. Le retour ressemblait à l'aller. L'ancien record de quatre-vingts et quelques heures était battu.

À l'arrivée, M. Beaumont nous attendait, heureux, surpris. Je lui ai aussitôt exposé mon idée. Construire tout de suite un formule 40, dès l'hiver. Un projet qui avoisinait les six ou sept cent mille francs (cent mille euros) en tirant les prix. Il m'a répondu qu'il ne pouvait pas financer ce projet, mais qu'il pourrait peut-être m'aider. En attendant, pendant ce mois de décembre, avec Marcel Stagnol, nous avons défini notre bateau. Ce serait un catamaran, avec deux poutres en aluminium, et sans carbone. Un bateau simple, pas cher, deux carènes parfaites, deux dérives. Nous avions fixé le devis de poids à dix-huit cents kilos, la jauge autorisée.

Il restait trois semaines jusqu'à la date limite du trente et un décembre. Mais notre histoire avait secoué les esprits et quelques jours après, les soixante mille francs aidant, de nouvelles tentatives de record se préparaient. Loïck Peyron, sur un catamaran de cinquante pieds, échouait et faisait demi-tour à mi-parcours, dans de mauvaises conditions. Un gros bateau est venu, un jour, je me demande si ce n'était pas Kersauzon. Lui aussi a dû renoncer. Durant trois semaines, il n'a jamais eu les bonnes conditions. Minuit, le trente et un décembre, c'était gagné. C'était à nous, il était à moi. Remise des prix en janvier, Optique Beaumont dans la presse, nous devenions les premiers détenteurs du record du golfe de Gascogne.

Dès janvier, alors que j'avais trente ou quarante mille francs d'économies, on est parti démarcher la ville de Quimper. J'avais un discours direct : « Voilà, je vais construire un formule 40 mais les premières courses ont lieu au mois de mai, alors il ne faut pas perdre de temps. On a besoin d'un hangar avec une bonne isolation pour mettre le bateau en chantier. Il faut faire vite. » Et on n'a effectivement pas perdu de temps. On a démarré la construction à trois, Hubert Stagnol – le frère de Marcel –, Jean-Marc Salaun et moi. Beaucoup de copains ont passé leurs week-ends à stratifier, à nous aider. Christine Guillou et son frère n'ont pas chômé. Mais pas de nouvelles d'un engagement d'Optique Beaumont. Il passait pourtant nous encourager de temps en temps. « Ça va, les gens ? » Et nous : « Ben, ouais, ça va ! »

Du coup, on a fixé un délai d'un mois. On a donc décidé de tout préparer, fabriquer l'outillage, faire le moule des coques, le « mannequin », prendre les cotes pour établir les devis des voiles, des poutres. Si on ne trouvait pas d'argent avant le quinze février, on arrêterait tout. Et, alors que ce bateau n'était encore qu'un projet, on s'est mis à fabriquer deux dérives. Si nos espoirs de financement n'aboutissaient pas, on avait imaginé de les revendre à un gars en train de construire un catamaran de croisière. Du coup, il aurait des dérives plutôt performantes pour leur prix, mais au moins on n'aurait pas perdu notre temps. Le mannequin serait prêt, poncé, stratifié fin janvier. Un ami, Dominique Gouze, voyant la tournure prise par notre histoire, s'est engagé à salarier les deux copains qui travaillaient avec moi le temps de la construction. Si les finances suivaient, nous le rembourserions.

Les enfants de M. Beaumont allaient à l'école à Quimper et passaient devant le chantier régulièrement. On leur racontait nos journées, l'avancement du travail. Ils avaient quatorze ou quinze ans et gambergeaient pas mal en nous voyant. Un jour, Jean Beaumont est passé nous donner un rendez-vous de travail. Nous devions étudier un budget. Autour de la table, nous avons tout mis à plat. Mais alors que nous avions préparé un budget de construction pure, Jean Beaumont était surtout intéressé par la Multi Figaro. Cette épreuve, prévue pour le mois d'août, devait se courir en double sur des formule 40. Elle partait de Brest pour rejoindre l'Angleterre, retour suivi de trois jours de régate à Brest. Une deuxième étape longue de trois cents et quelques milles précédait cinq étapes à la journée.

Réunion décisive à Quimper, on a fait le compte de ce que chacun avait apporté. L'un avait financé les salaires, moi j'avais investi mes économies et la prime de course du record du golfe de Gascogne. En conclusion, Optique Beaumont rachetait les arriérés, finançait la fin de la construction et devenait l'unique propriétaire du bateau.

À l'origine, on envisageait une construction hyper-classique, en tissu de verre. Mais, comme on venait de trouver un propriétaire et un programme, on a choisi d'améliorer notre projet. On a proposé de rajouter un peu de carbone, de placer quelques renforts un peu astucieux sans pour autant faire un bateau tout carbone. Il fallait trouver les bons endroits et je crois que ce choix, sans trop alourdir le budget, a été déterminant. On a réussi à boucler notre programme dans les temps. Le bateau était à l'eau début mai, avant le premier grand prix, celui de Cherbourg. Beaucoup de petits partenaires nous ont aidés, le marchand de peinture, le voilier qui nous a fait un prix canon… Tout le monde a joué le jeu. Sur l'ensemble de la flotte, il y avait une vingtaine de bateaux, la construction du nôtre était probablement la plus économique. Je pense que ce genre de projet aurait toujours sa place aujourd'hui.

Parallèlement, il y avait des bateaux en construction sur d'autres sites. Jeanneau préparait une série de trois bateaux, un pour Philippe Poupon, un autre pour Loïck Peyron, le troisième était pour Yves Le Cornec. Au meilleur niveau, il y avait une quinzaine de pointures : Yves Parlier, Cam Lewis, Randy Smith… On a appris énormément à cette époque sur les multicoques. À Cherbourg, on a dû finir sixièmes, à moitié du classement. Il nous restait à régler quelques détails de safran, quelques mises au point. Nous avons ramené le bateau, c'est à ce moment que nous l'avons peint en rouge. Il est devenu superbe.

Au mois de juillet, pour perfectionner la mise au point du bateau (et la mienne par la même occasion !), j'ai proposé au sponsor d'organiser des sorties à la journée. C'est vrai que ça ne correspondait pas trop à la tradition des préparations de course. C'était pourtant un entraînement très profitable. Je sortais presque tous les jours. Le matin pour l'UCPA, l'après-midi pour un club de vacances, ou des touristes. Je n'ai pas arrêté durant tout le mois de juillet, seul ou à deux, de promener des ploucs.

« Plouc », provocation qui cette fois désigne plutôt des citadins. Quoi qu'il en soit, cette petite annonce dans le *Télégramme de Brest* m'avait intrigué.

« Sorties à la journée à bord d'un formule 40, tous niveaux, contacter Bertrand de Broc ». Suivait un numéro de téléphone. Comme si un pilote proposait une formule 1 pour faire le taxi.

Les formule 40 étaient en pleine gloire. Leur charme reposait en partie sur une apparence raisonnable, même si leur coût extravagant était connu. Ils s'apparentaient à un engin de plage un peu dopé, un peu snob aussi. Chacun pouvait s'imaginer maîtrisant le gros jouet. C'était évidemment faux.

Classe à la futilité affichée, les formule 40 apportaient un souffle de fantaisie. Trop fragiles pour traverser le plus petit océan, trop petits pour abriter un équipage, trop larges pour la période estivale dans des ports de plaisance contraints de leur réserver les places d'honneur. Ils semblaient exclusivement destinés au jeu. Semblables à ces robots japonais, fruits d'une technologie extrême, qui parviennent à nous attendrir tant leur utilité nous échappe.

Les grands multicoques transocéaniques réclament de l'espace. Si bien que, hors des ports, ils sont aussitôt hors de vue. C'est pourquoi certains publicitaires avaient envisagé de faire des formule 40 une sorte de miniature d'un bateau plus important, mais moins visible. Leurs célèbres homonymes, de vingt pieds plus longs, parcouraient les océans.

Il y eut ainsi un petit *Fleury Michon*. Mais tout comme les chaloupes de sauvetage, ils portaient le même nom, sans tromper personne. Paradoxalement, l'aspect mondain de l'engin s'en trouvait renforcé, car seuls les skippers les plus en vue pouvaient prétendre à ces régates près des plages où ils retrouvaient leurs fans chaque soir à la fraîche.

Juste avant la course du Figaro, dans sa version traditionnelle en solitaire, j'ai rencontré Alain Gautier pour lui proposer de faire avec moi la Multi Figaro. C'était très maladroit. J'ai froissé Marc Guillemot profondément, je ne suis pas allé le voir, lui qui retrouvait tout juste la forme après son grave accident sur Jet Service. *C'est dans la presse que Marc a appris que je partais avec Alain Gautier. Je le regrette. Nous sommes partis faire le grand prix de Southampton, au début juillet. Il en reste cette photo du bateau sur une coque, pas loin du chavirage. À l'écoute de grand-voile, Alain ne choquait pas.*

C'est aussi, précisément à cause de ces images, que cette petite annonce m'agaçait. Je les connaissais, saisissantes, dynamiques, vendables. Ces bateaux éternellement au bord du chavirage avaient un impact photogénique certain. Les photos de ces étraves taillant leur passage entre deux murs d'embruns verticaux. Avec leurs filets entre les coques, les catamarans permettent des cadrages surprenants. Ils gîtaient tant qu'un équipier pouvait couramment observer le photographe au travers du filet, en le dominant de plusieurs mètres. Les angles de prise de vue se renouvelaient. Pour ce genre de pose en pleine vitesse, l'équipage affectait une décontraction peu crédible, mais si on ne peut pas crâner dans ces conditions, alors quand ?

La flotte des formule 40 ne dépassait pas la vingtaine de bateaux. Les occasions de les approcher étaient assez rares, et celles de naviguer dessus tout à fait chimériques. Mes désirs photographiques devaient donc attendre.

Jusqu'au jour où le *Télégramme de Brest* me mit sous les yeux cette curieuse petite annonce, décalée, inespérée. J'étais assez tenté de jouer le touriste. En y répondant, j'ignorais qu'elle ferait de moi un plouc définitif.

On dit parfois que certaines courses sont gagnées d'avance, et que d'autres vous échapperont toujours. Cette Multi Figaro était pour nous. Après la première étape, nous avions eu tant de chance qu'il paraissait impensable de passer à côté de la victoire finale. Comme si les choses étaient écrites.

Au départ de la course, il y avait pas mal d'air. Nous sommes sortis cinquièmes du goulet de Brest. Sur ce bateau, j'avais cassé tout ce qui était possible : des poulies de bastaques, des drisses, beaucoup de petites choses. Mais, avec mes clients, j'avais acquis une grande connaissance de son comportement par tous les temps. Après un premier bord de portant, on casse la dérive sous le vent à dix milles du départ et Alain me regarde avec l'air de dire : « C'est pas solide tout ça ».

Je connaissais le bateau, il suffisait de changer une dérive pour l'autre. On a fait la manœuvre à dix ou quinze nœuds sans problème. On vire la chaussée de Sein dans le milieu du classement. Tout le long de la traversée de la Manche, notre position n'a pas varié. À Plymouth puis en passant le phare d'Eddy Stone, on se maintenait dans la moyenne. Il fallait tenter quelque chose pour nous sortir de là. Pour rejoindre Wolf Rock, on devait tirer des bords avec un petit vent de huit ou dix nœuds qui mollissait. Alors pour revenir dans le match nous avons choisi d'aller à terre, dans les cailloux, pour chercher des contre-courants. Un peu trop, trop près et paf! on casse la deuxième dérive.

Soixante centimètres de dérive en chou-fleur. Unique solution, l'inverser en mettant le bord d'attaque en arrière. Ça nous freinait un peu, mais sans plus. Au cap Lizard, les premiers étaient à quatre ou cinq milles devant. Il nous fallait passer dix bateaux. Le vent adonne brusquement, nous permettant de faire route directe sur la prochaine marque. Ceux que nous poursuivions se trouvent obligés de tirer un bord. En cinq minutes, nous nous sommes retrouvés à égalité. À ce moment, le vent a décidé de nous favoriser. Les autres bateaux ont retardé leur virement en espérant la même aubaine. Mais pour eux, elle n'est jamais venue.

Alain sortait de la Solitaire du Figaro. Au vu de notre nouvelle position, il décide d'aller se coucher. Mais, toujours à cause de mes clients d'avant-saison, j'avais installé un pilote automatique, ce devait d'ailleurs être le seul de la flotte.

Je me demande si je ne suis pas, d'une certaine manière, à l'origine de l'installation de ce fameux pilote. Quelques jours après la découverte de la curieuse petite annonce, j'embarquai à bord d'*Optique Beaumont*. Bertrand, ces semaines-là, approfondissait sa connaissance du bateau. Il continuait en secret son apprentissage devant ses clients qui auraient peut-être frémi s'ils l'avaient su. Moi j'étais loin d'imaginer, ce jour-là, être le client d'un équipage en formation.

Il régnait à bord un bonheur presque frénétique. On s'émerveillait des performances de cet engin rouge, de ses caprices aussi. Nous traversions des périodes de vitesse aussi soudaines qu'inattendues, au moins pour moi. Ces accélérations nous plongeaient dans un état de semi-apnée qui me fit renoncer à mes élans photographiques. Trempé, je m'en voulais d'avoir insinué qu'il put y avoir une quelconque forme de snobisme dans cette survie. Je traquais avidement, au travers des embruns qui nous assaillaient, le peu d'air qui subsistait.

Une belle journée. Nous étions quatre à bord et, après quelques heures, mon statut d'estivant paraissait s'estomper. Dans un élan d'insouciance que je n'explique toujours pas, Bertrand m'a confié la barre. Je me suis donc calé en charge de notre cap. Déroutant. Mais la machine refusait mon contact, c'était net. Elle hésitait, volage, entre survitesse et immobilisme brutal. Mes compagnons, absolument indifférents à mes difficultés relationnelles, étaient absorbés par des projets de modifications, toutes sortes d'améliorations envisageables, des réglages, des avenants, des corrections. Les détails de la discussion m'échappaient. Nous étions chez eux, au large des Glénan. Ils s'inquiétaient de réglages subtils, mais de moi pas du tout. C'était un bel après-midi, avant le choc.

Glaçante, la collision imposa le silence. Quoi, c'est quoi ? Un non-sens, une vitre ? Le mystère très dur qui vient de frapper m'échappe. Ce bruit terrorisant rappelle celui de la hache pénétrant dans l'arbre, ça tient à la fois du couteau et du marteau. J'ai l'impression d'avoir percuté un iceberg. Un iceberg très lourd et qui aurait choisi l'invisibilité. Aussitôt l'équipage, les trois simultanément, se retournent vers moi. Le jouet rouge est cassé. Et c'est moi qui ai fait ça !

J'étais il y a encore un instant attaché à cette barre comme un animal au piquet, maladroit certes, mais sans esprit de vengeance. Le bateau stoppé, je n'espérais aucun réconfort, juste un indice de gravité, j'avais froid.

Méprisants, ils se tournèrent de nouveau sans hésitation cette fois vers le capot de la coque bâbord. Ils s'allongèrent sur le rouge de la coque, et leurs trois têtes disparurent par le capot entrouvert. Chacune des coques de douze mètres avait approximativement la forme d'un tube de dentifrice sans bouchon, et seul ce grand panneau permettait d'accéder à un intérieur ordinairement à peu près vide.

Leurs conciliabules me parvenaient assourdis. Malgré l'immobilité du bateau, j'avais la certitude de commettre une nouvelle faute si je quittais mon poste de barre. Dans l'attente de la sentence, je restais figé. J'entendais : ... résine... dérive... mousse..., mais rien qui puisse préciser notre devenir immédiat. Puis « ... voie d'eau... » La brise a murmuré l'expression tragique sans équivoque. Ils pourraient être poétiques, ces trois mots. Mais le plus novice sait pourtant qu'ils précèdent assurément la catastrophe. Parmi toutes mes inquiétudes, l'une dominait : ils n'ont même pas changé le barreur, avons-nous si peu d'avenir ?

J'avais calé le pilote sur la marque, le phare de Wolf Rock, et je réglais les écoutes tranquillement. Alain était descendu dormir. De nouveau, le vent nous a choisis en approchant le phare. Nous avons pris la tête dans la nuit en passant la marque. Nous avions peut-être mis un peu de ruban adhésif sur le feu bâbord pour éviter de dévoiler notre route, je ne me souviens plus trop. En fait, ce pilote a été l'arme fatale. Alain dormait sous le vent ; dans ce petit temps on ne se déplaçait pas et le bateau glissait régulièrement, sans à-coups. Nous sommes repartis vers Ouessant avec un courant favorable au portant, au moment où nos poursuivants tiraient encore des bords.

L'écart devenait définitif. Un seul bateau nous suivait, le trimaran foiler d'Alain Comyn. En nous engageant dans le goulet de Brest, nous étions bord à bord, nous avons traversé la Manche à quelques mètres l'un de l'autre. On ne pouvait pas gagner, l'ar-

rivée s'annonçait au près dans un temps médium et le trimaran était plus rapide à ces allures. Nous étions résignés à prendre la place de second. Sans nos dérives, c'était déjà honorable. En approche du port de commerce, ils venaient de prendre la première place. J'ai posé la question à Alain : « Si on tentait de partir dessous ? » On est parti aussitôt dans une option vent de travers invraisemblable, la vitesse était là, mais la route plus du tout. Un cumulus inespéré a fait basculer le vent au dernier moment, nous offrant deux longueurs d'avance sur la ligne.

L'arrivée a été impressionnante. Un peu comme si on avait gagné la route du Rhum. Madame Beaumont pleurait, les journalistes présents semblaient interloqués, presque déçus. Notre victoire paraissait trop imprévue. Le lendemain, sur le quai, j'ai stratifié les dérives, remis de la mousse. Nous n'avions aucun assistant. Philippe Poupon est passé. Il m'a dit sa détermination à se battre jusqu'au bout. J'ai précisé que moi aussi j'essaierais de faire de mon mieux. Les manches qui ont suivi en rade de Brest nous ont permis de conforter notre place dans le classement. Visiblement, nos résultats ne correspondaient pas aux pronostics des spécialistes. Restait la dernière grande étape : Brest – Groix – Belle-Ile – Yeu – Belle-Ile – Yeu, arrivée à La Rochelle.

On attaquait le long bord qui allait d'Yeu à Belle-Ile, une cinquantaine de milles de nuit, par un bon thermique, vingt ou vingt-cinq nœuds de vent de terre. Je préviens Alain que pour ne pas perdre de temps mieux valait ranger sérieusement. La répartition des poids à bord était extrêmement importante, la vitesse du bateau en dépendait. Alors cette nuit-là nous avons tout réorganisé à bord. Le radeau de survie s'est retrouvé amarré au vent, la chaîne du mouillage entourait les filières, plus de cent kilos appuyaient du côté au vent. Le bateau ne levait plus, inutile de choquer, vingt-cinq nœuds en permanence. Nous avons dépassé deux bateaux sans leur laisser d'illusions. En arrivant à

Yeu, nous avons rattrapé Jean Le Cam, sur Biscuits Cantreau. *Alors que nous devions laisser l'île à tribord, j'ai proposé à Alain d'envoyer le spi sur un bord beaucoup trop court, juste pour perturber la flotte. J'avais bien préparé la manœuvre, si bien que Jean se voyant rattrapé a envoyé son spi en catastrophe, au moment même où nous affalions le nôtre pour empanner. On ne l'a plus revu. Ensuite, le vent est tombé jusqu'à La Rochelle.*

Nous avons fini l'étape plein vent arrière, troisièmes. Le classement se faisant aux points, la victoire finale nous revenait. Les bateaux du constructeur Jeanneau se classaient premier et second de l'étape. J'avais gagné une voiture, une superbe Fiat Croma « I.E 2000 ». On a revendu la voiture et j'ai pu me rembourser des frais. Pour moi c'était reparti, j'avais un peu d'argent. À la remise des prix, tout le monde était vraiment content de cette victoire, le projet attirait la sympathie. Une belle coupe en argent, une grosse réception à La Rochelle, une bonne presse. Le chantier Jeanneau qui avait embauché des équipes pour ses trois bateaux n'était pas très satisfait. Il y avait des tas de posters et d'autocollants qui annonçaient fièrement Loïck Peyron, Philippe Poupon et le constructeur Jeanneau vainqueurs. Seul un astérisque presque invisible renvoyait à une minuscule ligne en bas qui précisait « de la dernière étape ».

II

Balade irlandaise

Bateau : *Groupe LG*
Type : First 30
Lieu : Manche, Atlantique
Occasion : espoir d'un 1er Figaro
avec, pour la balade irlandaise,
la participation de Marc Guillemot
Course : course de l'Aurore
Année : 1979

La mer Rouge, le golfe Persique, partir vers Taïwan, le Japon, retour par Singapour et Marseille, je voulais voir. Pour avoir une bonne place, c'est le père de Jérôme et Lucien Boyer qui m'a pistonné aux Chargeurs Réunis. *C'était le grand patron. Je suis parti dans la marine marchande, mais au lieu de débuter sur une ligne pourrie, j'ai embarqué directement sur le* Chevalier Valbelle. *Un bateau de deux cent quarante mètres, un gros porte-conteneurs, qui avait deux ans. En partant de Gênes, j'avais un peu moins de dix-huit ans. Tout a bougé depuis, mais en 1978, visiter Hong-Kong, Kowloon, les beaux quartiers de Singapour, Taïwan, Tokyo, Kobé, Yokohama, à cet âge-là c'est impressionnant.*

Il faut le reconnaître, ces noms fouettent l'imagination. Même si le monde est devenu plus petit, vingt-cinq ans plus tard, il reste encore des mots pour évoquer un vrai lointain.

Si les convenances de la biographie étaient respectées, la chronologie nous infligerait une analyse de notre héros durant son enfance. Passage hautement impudique où se trouveraient dévoilés le papa, la maman, la maison (de famille pour certains, de campagne pour d'autres). Une foule de détails prouveraient combien ce destin, plein d'aventures, était prévisible. L'enfance, donc, serait retracée au travers d'anecdotes attendrissantes. La pêche aux crevettes, pratiquée le long de la plage avec ces petits filets blancs ou bleus au bout d'un manche, que les commerçants estivaux s'efforcent de proposer malgré la disparition des fameux crustacés.

Toujours en bonne place figurerait un détail biographique exemplaire, le dessin prémonitoire : un bateau triangulaire arborant le pavillon national. Une gouache de l'école primaire qui contiendrait déjà tous les désirs refoulés de destinations exotiques qu'un spécialiste de la petite enfance identifie instantanément. Puis, pourquoi pas ? un gamin penché au bord du quai, fasciné par les mulets, poissons provocants et immangeables qui jamais ne happeraient, même au bord de la dépression, son appât grotesque. Donc, mieux vaut faire l'impasse sur les aventures du bambin. Repartons.

Excepté à Taïwan sur l'île de Taipei où nous sommes restés trois jours, chaque escale durait malheureusement moins de douze heures. Les ports de porte-conteneurs sont toujours très éloignés des villes, il faut prendre un bus, un taxi ou un train.

Aussi, disposant de si peu de temps, le plus souvent on renonce et on reste à bord. À Taïwan, il y a eu des difficultés techniques avec un portique de conteneurs, c'était une occasion rare de faire la fête. Avec les Japonais, c'était pire que tout, ils travaillaient à une cadence infernale. J'ai le souvenir de portiques qui avançaient pour décharger alors que le bateau n'était pas encore à quai. Il suffisait que tu tombes de quart à ce moment-là, impossible alors de quitter le navire : nous avions des quarts à terre, roulement immuable, chargement jour et nuit.

J'étais simple timonier, plus en stage qu'autre chose. Mais je faisais les quarts, quatre heures toutes les huit heures, beaucoup de passerelle, beaucoup de machine, un peu de navigation aussi. Tu surveilles au radar, ensuite un gars contrôle que tu as bien surveillé. Il fallait aussi vérifier les amarrages des conteneurs sur le pont. J'ai appris pas mal de choses. On a connu de grosses tempêtes, surtout près du Japon. Un jour, on a rencontré un typhon énorme en mer. Un vent à tout casser, on a dû mettre à la cape à l'abri d'une île.

Dans ces conditions d'extrême retenue, difficile de composer un récit palpitant. Pensez donc, un typhon bâclé en trois phrases. Même si l'on n'attribue aucune prédestination aux lieux, passer son enfance sur les berges de l'Odet semble convenir particulièrement aux navigateurs taciturnes plutôt avares du récit de leurs exploits. Éric Tabarly habitait sur l'autre rive. Les rhododendrons sauvages à la floraison si éphémère inspirent peut-être cette sage modération. Quoi qu'il en soit, ce côté antihéros agace parfois un peu.

Mais sur ces cargos modernes, les conditions de vie sont plutôt agréables. Ce sont des bateaux propres, sans odeur. À bord, il y a salle de sport, salle de vidéo, piscine, un bon restaurant. Nous étions une trentaine à bord, chacun sa cabine, un grand lit, salle de bain indépendante. Seule chose déplaisante, la durée des escales, trop courte, on n'a le temps de rien. On voit la mer, les ports de loin, c'est à peu près tout. Le voyage n'est pas passionnant. Par contre, c'est une occasion de voir comment les bateaux réagissent dans les grosses mers. J'ai un excellent souvenir de ce premier voyage ; un autre sur la même ligne a suivi. Nous avions parfois la chance d'aller à terre. Il y a vingt-cinq ans, on a vécu des expériences vraiment exceptionnelles, à Singapour ou Taipei, en Thaïlande. C'était parfois très « chaud », il fallait rester prudent. Certaines situations devenaient rapidement dangereuses.

J'ai fêté l'anniversaire de mes dix-huit ans à Taipei. Ce jour-là, les gars m'ont dit : « Il ne faut pas rater ça. On va t'emmener dans un coin, tu t'en souviendras. » On a remonté une rivière verte, magnifique, jusqu'à un endroit où vont les mecs, un bar, pas un bordel. On a vraiment fait une énorme fête. Tout de suite après on reprenait la mer direction Taïwan et le Japon. Puis demi-tour, retour par le même circuit jusqu'au golfe Persique, puis la mer Rouge et retour à Marseille.

Les officiers sont en général deux à la machine, deux, trois, parfois quatre au pont, au total nous devions être vingt-six, avec les deux cuistots. Le bosco est responsable de l'équipage, officiers mis à part, un peu comme un contremaître. On n'est pas vraiment débordé, il suffit de faire un tour de pont, vérifier qu'il n'y a pas de problème d'amarrage des conteneurs. Quatre heures de surveillance à la passerelle, et on recommence huit heures après. Il faut savoir s'occuper. Tu vas à la piscine en haut.

Cette ligne-là ne se fait qu'au soleil. Départ de Marseille ou de Gênes au mois de juillet-août, puis le sud, Port-Saïd, la mer Rouge, puis tout l'océan Indien à une latitude où il fait très chaud, si bien que la piscine se retrouve à trente-cinq degrés. Ce coin piscine, avec ses quatre ou cinq transats pour se détendre, ressemblait à un pont de paquebot. Il n'y avait aucune raison de souffrir, ça change un peu de la marine à l'ancienne. Ce bateau neuf naviguait à vingt, vingt-deux nœuds. Ça passe très vite, deux mois et demi. Fin octobre ou début novembre, je prenais le train à Marseille pour rentrer en Bretagne.

En arrivant, je retrouve un ami, Jean-Louis Yuonnou, qui fabrique des planches à voile avec un associé et m'invite à passer voir leurs productions. Amusé, je vais sur le chantier. J'avais un mois et demi de congé devant moi avant un deuxième embarquement, je suis resté les aider. En fait, ils assemblaient des demi-coques qui leur arrivaient brutes. Il fallait ensuite finir le puits de dérive, poser les pieds de mât. J'habitais Plomelin, au bout de la Bretagne, j'allais chaque matin au chantier à vélo, à Beg-Meil, vingt-cinq kilomètres aller, autant pour le retour.

C'était en novembre. Un matin, je rencontre le patron, Philippe Goyat. Il avait une entreprise de location de bateaux à Bénodet. On sympathise, il venait d'acheter un First 30, le prototype de la célèbre série, sorti en 1976 ou 77. Éric Duchemin avait couru la course de l'Aurore l'année précédente avec ce bateau et il s'était bien placé. Ce bateau est devenu un repère dans la production de voiliers en France, la série en a compté un nombre incroyable. C'est un bon bateau de près, qui fait un cap excellent, et qui malgré ce qu'on dit ne marche pas si mal au portant ! J'ai fait des bords de grand largue à des moyennes stupéfiantes, plus de dix-huit nœuds sous spi à bloc.

Chaque année, il y avait une expédition traditionnelle, qui prenait deux jours en 2 CV depuis Quimper. Je ne me souviens plus si l'autoroute existait déjà, mais nous prenions les petites routes pour monter à Paris au Salon nautique avec les gamins du secteur. On a commencé à zoner tôt ! On dormait à droite à gauche, souvent chez des copains parisiens qui venaient dans notre coin l'été faire du dériveur, on ne savait plus trop où on était. Je me souviens très bien avoir été au Salon pour voir le First 30. Sa carène rappelait Pen Duick VI, un plan Mauric.

Donc, le jour même de ma rencontre avec Philippe Goyat, le patron de ce chantier de planches à voile, il me propose de régater avec lui, sur son bateau. C'était une régate d'entraînement d'hiver. Il y avait beaucoup d'inscrits, et ce jour-là tout a bien marché, je barrais, et on gagne. Quelques jours plus tard, il me propose de faire la course de l'Aurore – devenue depuis la course du Figaro – avec son bateau. Je lui réponds « Pourquoi pas ? », en lui précisant seulement qu'actuellement je cherche à avancer dans la marine marchande et que je pars quinze jours plus tard et cette fois pour trois mois.

J'avais un niveau correct de barre et de réglage, essentiellement par mon expérience en dériveur, mais j'avais plutôt navigué en côtier, de la Bretagne aux Sables-d'Olonne. Et puis je n'avais jamais traversé ni le golfe de Gascogne ni la Manche. Et surtout, je n'avais jamais navigué en solitaire. J'avais fait les 110 milles de Concarneau, mais guère plus. J'avais dix-huit ans et trois mois.

Tout semble si simple, un commanditaire passe sur un ponton, un jeune timonier le croise, discussion, proposition, test et décision. Voici donc comment on débutait en 1978, dans la course en solitaire, au plus haut niveau. Lointaine époque, où subsistaient encore quelques interrogations sur le sponsoring, et même quelques réticences morales. Certains prétendaient qu'après une mutation des voiles en affiches les voiliers perdraient leur âme.

Aujourd'hui la simplicité d'une telle rencontre passerait pour du gâchis, tant le nombre de spécialistes a enflé. Les grands groupes publicitaires se sont penchés sur le petit monde. Les budgets suivent désormais les courbes que leur imposent d'importants gestionnaires. Les réseaux se sont développés. Les opportunités d'investir sur un jeune plein de talent et disposant d'une belle notoriété garnissent les petits carnets des spécialistes de la mise en relation en tous genres.

Je suis parti de Rotterdam cette fois, pour une ligne beaucoup plus dure. J'ai embarqué un peu avant Noël : Boston, New York, Philadelphie, Charleston, Jacksonville, Savannah, la Floride, puis retour. Le parcours était bouclé en un mois, impossible de traîner à ce rythme-là. La côte Est, un port par jour, puis l'Atlantique, Rotterdam, un port avant Londres dans l'embouchure de la Tamise, Felixstowe. Et à nouveau l'Atlantique. Mais au mois de janvier, en traversant, on s'est pris une copieuse abrasée en arrivant sur le plateau de Terre-Neuve. Une belle avoinée. Un cargo a coulé quelques milles derrière nous, cassé en deux. L'équipage a été récupéré juste à temps.

Arrivés à New York après cette tempête plutôt rude, impossible de décharger. Il y avait quarante centimètres de glace sur le pont. Il a fallu faire demi-tour et aller rechercher les eaux plus chaudes du Gulf Stream. Ensuite, avec des manches à incendie branchées sur le pont, on a découpé la glace pour débloquer les barres de fer qui fixent les conteneurs. Il a fallu travailler trois jours durant pour tout dégager.

Les cargos… Où sont les cargos ? Pour celui qui ne les a que peu fréquentés, les cargos au large sont inquiétants. Souvenirs d'une traversée de la Manche et de ces fameux « rails des cargos ».

Nous sommes trois ou quatre à suivre en observateurs l'étape irlandaise de la course du Figaro. C'est plutôt calme dans ce cockpit. Seul le bruit d'imprimante du pilote automatique suit les mouvements de la barre, un modèle à roue d'un format impressionnant. Je suis le seul éveillé à bord, d'où ce calme. Il est saisissant de voir à l'œuvre un bateau d'exception, vainqueur du Vendée Globe. Je suis invité. J'ai dû probablement intriguer, ou tout au moins exagérer mes compétences pour me retrouver là. Le maître à bord profite de l'occasion pour peaufiner son entraînement en vue de son futur tour du monde en solitaire.

Un coureur solitaire à l'entraînement souhaite-t-il de l'aide ? Les invités s'interrogent silencieusement sur leur rôle. Ils ne participent à la marche du bateau qu'en s'entourant du maximum de précautions. La bourde semble les guetter en permanence. C'est pourquoi ma veille un peu anxieuse ne relève que d'une attitude individuelle d'ailleurs un peu déplacée, le solitaire s'exerçant aussi à laisser foncer la machine seule dans la nuit, durant les phases de sommeil qu'il s'accorde parfois.

Cet après-midi-là, j'avais eu l'occasion d'expérimenter la barre du bateau, et j'ai admis immédiatement que sans interprète on ne se comprendrait pas. Au moins, avec un tel bateau, le talent du barreur n'est pas usurpé. Entre les mains aucune résistance, rien ne paraît contraindre les filets d'eau à s'incurver, ce n'est plus un liquide, c'est le vide. Sur les manèges, les camions de pompiers ont le même genre de volant factice. Ce bateau refuse ma direction, il me condamne à l'observer. Nous ne pourrions éviter un cargo, ni lui ni moi.

Cette nuit, je doute de tout et de rien en particulier. Ce rail des cargos par exemple, je le devine tout proche. Ils restent camouflés cette nuit. Ils sont peu nombreux, peut-être y a-t-il des grèves ? Bien que les grèves de cargos, à cette époque… Je doute, c'est plus fort que tout. Même si je connais l'existence d'une alarme sonore, liée au radar, qui devrait se déclencher à toute intrusion d'une embarcation dans un rayon de trois milles. Le skipper dort sur ses avant-bras, assis à la table à cartes, sous le radar. Le système est en marche, mais l'alarme sonore, je ne sais trop. Je doute. Si je descends vérifier, un cargo peut justement surgir. Qui sait, peut-être n'attend-il que ça ?

Autre anxiété, le bateau n'est pas dans son assiette. Voilà, c'est ça, on doit transporter une cargaison secrète. Je cauchemarde. À y regarder de plus près, nous sommes bien bas sur l'eau, ce doit être une lourde charge. Quelle masse nous enfonce vers les profondeurs ? Le cargo, c'est nous. Une charge mystérieuse nous plombe. Je doute. La quille semble attirée par l'ombre des fonds.

Puis mes appréhensions, comme la brume, s'évanouissent avec le soleil du matin, et une sérénité un peu béate vient compenser le manque de sommeil. Mes compagnons et leur guide sont d'humeur joyeuse. Ils entament un chantier gastronomique important : le casse-croûte. Un bordeaux millésimé, une belle bouteille, accompagne la charcuterie de rigueur, clin d'œil chauvin aux berges irlandaises de la rivière de Kinsale dont nous entamons la remontée. Pourquoi tant de détails ? C'est bien simple, c'est moi qui ai rattrapé la bouteille quand nous nous sommes échoués.

Attention, échouer ici fait partie des bonnes manières. Éric Tabarly lui-même aurait, dit-on, profité quelque temps de ce paysage exceptionnel. D'ailleurs le site s'y prête aimablement, fond de vase non destructeur et spectateurs maintenus à une distance où même un mélomane ne pourrait percevoir un rire. Mais avec un tel navire de plus de trois mètres de tirant d'eau, le moment de l'impact suppose un grand balancement, la vase fait office d'amortisseur et il n'y a pas de vrai choc. C'est soyeux, un canif dans un camembert.

Avec notre immobilisation, mes hallucinations me rattrapent. Notre échouage n'atteste-t-il pas précisément de cette charge clandestine qui m'a tourmenté ? Notre tirant d'eau doit être anormal. Mes compagnons, muets sur le sujet, ne seraient-ils pas complices de l'affaire ?

Curieusement, ces bateaux conçus pour la vitesse et l'endurance font preuve d'une certaine agilité pour se déséchouer. Le système de ballast, qui à l'origine consiste à rajouter une charge d'eau de mer au vent pour améliorer la vitesse, trouve pour l'heure une utilisation nettement moins obscure pour un non-spécialiste. On aimerait que le bateau gîte sur la droite ? Il suffit de remplir le ballast droit. Le procédé expéditif et élégant dégage la quille, et en route pour une rencontre pleine de fair-play avec les membres du Yacht-Club de Kinsale, qui affecteront de n'avoir rien vu. Parmi les civilités, nous glisserons à quel point il est regrettable de si peu s'attarder face à un paysage aussi enchanteur.

Le soir venu, un grand repas très officiel rassemble tout un monde disparate, du coureur épuisé rattrapé par le protocole au notable irlandais dont l'humour nous échappe un peu. En arrivant presque trop tôt, c'est-à-dire insuffisamment en retard, je pénètre dans la grande salle vide. Un ordonnancement impressionnant de tables rondes recouvertes de nappes blanches immaculées sert de cible à une brigade de serveurs.

Ce ne sont ni le nombre de tables, ni ces serveurs en noir au garde-à-vous, ni la blancheur de la porcelaine qui me figent brusquement. Mais ces bouteilles, les deux bouteilles de bordeaux au centre de chaque table, ces centaines de bouteilles, ce sont les mêmes, même château, même millésime exactement, que celle que j'ai sauvée sur le bateau échouant il y a quelques heures. Une coïncidence probablement, pourtant n'aurions-nous pas soustrait à la douane une cargaison de nos meilleurs crus ? Le doute me rattrape aussitôt. Je suis voué durant tout ce voyage à être traqué par ce fantasme.

Le lendemain, un ministre irlandais venait donner le départ de la nouvelle étape, juste à l'embouchure de la rivière. Notre bateau rejoignit la ligne de départ, léger et manœuvrant. La cargaison chimérique s'était-elle évaporée ? Le ministre nous fit un signe de la main. Je crois qu'il avait en charge le commerce extérieur. Oublions le doute, retrouvons les glaces et les cargos…

Cet hiver-là était particulièrement dur. On n'arrêtait pas de passer des câbles pour renforcer les fixations des conteneurs. Il faisait si froid que l'eau gelait en tombant sur le pont. Pendant ces coups de piaule, il fallait ralentir le bateau à sept ou huit nœuds, se mettre souvent à la cape. Dans ces grosses tempêtes, les bateaux souffrent beaucoup. J'ai le souvenir d'une porte, une grosse porte en bois, à l'étage, tout en haut, qui a été défoncée par un paquet de mer à seize mètres de haut. Ces conditions-là font partie des plus grosses mers que j'ai rencontrées. La mer est courte et il fait vraiment froid dans les parages de Terre-Neuve. Nous étions passés peut-être un peu trop nord.

J'avais fait un an d'école, je n'avais pas démarré trop bas, la mer m'intéressait, je voulais progresser vite. L'atmosphère de ce voyage de décembre, janvier, février était beaucoup moins sympa. Les temps d'escales étaient encore raccourcis, les conditions et les relations plus rudes. L'ambiance n'égalait pas celle du premier voyage. Le bosco ne pouvait pas me sentir, j'étais sous ses ordres. Il faisait une sorte d'allergie à mon nom. La particule me vaut parfois certaines animosités et parfois, gamin, on préférerait s'appeler autrement. Il était mon chef, mais malgré son grade on s'est expliqué, je ne me suis pas laissé faire.

Pour ma première course importante en solitaire, quelques mois après, cette expérience a dû probablement m'être utile. Après trois mois de mer, j'avais un peu oublié la proposition, c'est pourtant ce qui a tout chamboulé. Je pense que cette expérience m'a servi, le travail physique, charger, manipuler sans arrêt des barres de fer, trois mois dans le froid, en étant secoué énormément.

Je suis rentré de nouveau en Bretagne. J'ai dit à mes parents « Je vais faire la course du Figaro », et ça n'a pas trop plu. Alain Gautier et Jean Le Cam ont couru le Figaro à dix-huit ans, mais je pense que ce sont les seuls. J'ai revu le propriétaire du fameux First 30 à qui je n'ai demandé qu'une chose : pouvoir m'entraîner le plus tôt possible. Alors, pour préparer tout ça, je me suis installé à Quimper avec des copains.

III

Des mensonges, rien que des mensonges

Bateau : *Cornouaille Nautique Locaodet*
Type : First 30 prototype
Lieu : Manche, Atlantique
Occasion : première participation
Course : course de l'Aurore
Année : 1979

Récit de quart. De ceux que l'on échange dans la pénombre. Chuchotés dans les calmes, bien que ce petit temps-là ne leur vaille rien. Une brise régulière et ferme sur sa direction, voilà les conditions idéales du récit de quart. Un ton trop bas, le voilà devenu illicite, il irrite alors le sommeil du reste de l'équipage. Ce murmure d'insecte dont on s'efforce de percer le sens peut même devenir rapidement un vecteur de conflit au sein de l'équipage. Le récit tourne à la confidence feutrée. Les épisodes de lutte contre des tempêtes épiques s'en trouvent considérablement affadis.

Voilà donc le rapport de ce qui me fut conté en dépassant par une nuit trop belle le cap Creus. Un convoyage sans histoire, une mer moins cahoteuse qu'une prairie humide après le passage des vaches ; dans ces parages, pourtant redoutés, passe cette nuit tiède. Ces excès de douceur méditerranéenne ne favorisent pas le récit. Nous allons pourtant affronter une des tempêtes les plus meurtrières du siècle passé. En entrée, quelques calmes.

Dès le mois de mars, avril, j'ai commencé l'entraînement. C'était court. J'ai participé à la plupart des régates locales, pas mal d'entraînements en solitaire, du côté de la Bretagne. On l'a vite oublié, mais en 1979 il n'existait ni pilotes automatiques ni positionnement par satellite (GPS). Nous utilisions des régulateurs d'allure qui en fait cherchaient à caler la route du bateau sur un angle constant avec la direction du vent. On recevait la météo sur une petite radio en ondes moyennes. Il y avait un bateau assistance, Wild Rocket *je crois cette année-là. Peut-être aussi le* Rara Avis.

Nous étions cinquante-trois concurrents au départ. Je courais pour rien, on me prêtait le bateau, on me payait l'assurance et mon bateau s'appelait Cornouaille Nautique Locaodet. *On voit le décalage en vingt-cinq ans. Cornouaille Nautique avait payé l'inscription et m'avait donné un peu de matériel de sécurité, la VHF, une petite radio, trois bricoles. Je courais le Figaro sans salaire mais sans frais. J'avais gagné un peu d'argent durant mes périodes de navigation. Je pouvais mettre de côté la « marchande » jusqu'en septembre et me consacrer uniquement aux entraînements.*

Départ des Sables-d'Olonne pour ce Figaro 79. Pour la dernière année, cette course s'appelait « l'Aurore ». Jean Le Cam courait, Marc Guillemot aussi, nous étions cousins et très liés. D'ailleurs, nos bateaux étaient à couple dans le port. Des copains communs étaient venus, on dormait dans des tentes au camping, ou à bord. Une seule voiture pour tout le monde, c'était suffisant. On était venu en bateau, de toute façon. Nous étions deux ou trois à dormir à bord avant le départ. Chaque équipe avait une caisse à outils et une voiture, c'était à peu près tout. Bien sûr certains coureurs dormaient à l'hôtel, ce n'était pourtant pas le confort actuel, très peu d'assistance, pas de camionnette atelier aux couleurs de l'équipe.

Les bateaux engagés étaient des half-tonners, *répartis en deux catégories : prototypes ou bateaux de série. Mon bateau, lui, avec sa quille en plomb, un mât un peu plus haut que les First 30 de série, était classé en prototype. Le bateau était amélioré par rapport à la série. Il était plus léger, un safran un peu différent, les poids centrés, doubles barres de flèches. C'était un bateau très agréable à la barre, disposant d'un confort impensable en course aujourd'hui : la cuisine, les couchettes dans le carré.*

Les journalistes passaient parfois jusqu'au bateau me voir, essentiellement parce que j'étais le plus jeune concurrent. Les bons, Philippe Poupon, Pierre Follenfant, Patrick Eliès, Gilles Gahinet, faisaient figure de références, difficile pour l'époque de trouver meilleurs solitaires. Je partais sans savoir exactement où j'allais, j'avais presque dix ans de moins qu'eux.

Les photos témoignent de cette époque. Les cheveux aux épaules, une dégaine de lycéens exclus pour insolence. Gilles Gahinet et Eugène Riguidel, dans cette préhistoire, viennent de remporter la transat en double sur *VSD* avec un look hippie, qui ne serait admissible aujourd'hui que dans le cadre d'un plan marketing extrêmement osé. Le mégot aux lèvres, le bonnet et le ciré jaune à bretelles vierges de tout message publicitaire, il reste chez ces deux-là des traces de marin-pêcheur. *Peace and love* à terre peut-être, sur l'eau le mot d'ordre n'avait plus cours. Curieuse période, faite de revendications sur le droit au plaisir poussé parfois jusqu'au droit à la paresse, qui adule de nouveaux héros pour leur ténacité, leur volonté, leur résistance à la souffrance et à la solitude. À bien examiner ces anciennes photos, il y a dans les regards une joyeuse détermination. Les bornes des convenances sont ces années-là bousculées. Les multicoques, le sponsoring, de nouvelles courses. On invente, on s'amuse. On transgresse un peu les jauges et les affirmations. Éric Tabarly, sacrilège, installe une selle de Harley Davidson devant sa table à cartes. Même sans tignasse, il colle tout de même aux symboles du moment.

La nuit est toujours aussi noire, Bertrand poursuit son récit. Il avait dix-huit ans, assurément une détermination redoutable face à ceux qu'il voulait égaler, mais pas question d'exposer ces passions. Comportement de paysan ou de marin ?

Dans mon souvenir, les choses étaient assez simples. Il y avait bien sûr une météo de la course, mais c'était plutôt : rendez-vous à Laredo, le premier arrivé a gagné. Première étape, Les Sables-d'Olonne – Laredo, en passant par l'île d'Yeu, nous étions cinquante-trois. J'arrive aux alentours de trente-cinquième. C'était plutôt moyen mais je suis rentré dans les temps, sachant qu'à partir du quarante-deuxième tous les concurrents étaient éliminés. À cette époque, il existait une règle qui voulait que tous les concurrents dont les temps de navigation étaient de quinze pour cent supérieurs au temps du premier étaient disqualifiés.

Il n'y avait pas de positionnement par satellite. Avec les moyens de l'époque, tomber directement sur le port d'arrivée n'était pas assuré. Il y avait bien un système, le Consol, dont l'un des émetteurs se trouvait dans un petit village du Finistère, à

Ploneis. Une grande antenne envoyait des signaux radio « points traits ». Il fallait repérer soixante points et traits, c'était possible jusqu'à quatre ou cinq cents milles de la Bretagne. Par exemple à La Corogne, sur soixante signes, il fallait trouver vingt traits et quarante points. L'oreille collée à une petite radio, il fallait compter. La précision était de quelques milles. Un des avantages liés à mon apprentissage dans la marine marchande, c'est justement d'avoir pu étudier ces techniques. Un officier, sachant que j'allais courir le Figaro, m'avait fait une démonstration complète en Manche. Il m'avait dit : « Tiens, ça te servira peut-être. » Aussi, ce système-là, je le maîtrisais parfaitement.

J'ai fini à Laredo cinq ou six heures après le premier, pas très loin du hors-temps, pas disqualifié et vraiment content. Onze bateaux ont sauté du classement, dont Jean-Marie Vidal qui a gagné le Figaro quelques années plus tard. Au départ de Laredo, il manquait douze bateaux, pour eux c'était terminé. Cette règle des quinze pour cent n'a existé que pour l'édition de cette année-là. Ce règlement était débile, sur la mer, il suffisait d'une pétole, une journée de calme et c'était la disqualification.

De Laredo, nous voilà repartis vers Quiberon, Port-Haliguen par le passage des Béniguets. Une étape folle, quatre jours de calme, quatre-vingt-seize heures pour une étape de trois cents milles. On n'avançait pas, mais pas du tout. J'arrive vingt-huitième à Port-Haliguen et toujours dans les temps, mais cette fois il ne restait plus que trente-quatre bateaux. Les autres étaient disqualifiés, dont Marc qui va faire un véritable sketch en annonçant qu'il refuse de quitter la course. Une trentaine de bateaux repartent sur l'Irlande. Le propriétaire du bateau était venu me voir, il appréciait mes résultats.

Mes commanditaires étaient contents. En fait, ça ne coûtait rien à personne : si tu veux mettre un tee-shirt « Cornouaille Nautique » ou « Locaodet », c'est bien, mais si tu oublies, ça n'a pas d'importance. C'était plus un échange de coups de main, une aide. Il n'y avait pratiquement pas d'enjeu. Les sponsors misaient sur quelqu'un qui prétendait pouvoir faire cette course. Mais les uns et les autres ne se connaissaient généralement pas ou très peu.

Avec la nuit, surtout celle-ci profonde et sans lune, le désert qui nous enserre devient étroit. Un faisceau de lampe torche braqué dans le vide et l'on distingue à quelques mètres au mieux la pâleur du sillage. 1978 : Alain Colas disparaît. À sa manière, c'était aussi l'un des trublions de l'époque. L'évocation, un peu nostalgique, continue. Le mécénat de ces années-là n'avait rien à voir avec la gestion médiatique actuelle. Les aventuriers exploraient les voies les plus originales, les praos les plus surprenants, traquant les budgets que leur passion réclamait. Ils ont créé le monde que des gestionnaires ont mis en exploitation aujourd'hui.

En montant vers Kinsale, nous allions vers le mauvais temps, nous le savions. D'abord des vents d'ouest, au près, puis du noroît. Ce souvenir me reste, j'avais vu de grosses tempêtes sur les cargos, mais, sur un voilier, je l'imaginais seulement. On a pris un bon baston. J'avais tiré un petit bord pour passer les îles Scilly, et là je découvre en écoutant à la VHF ce qu'était devenue la course : un désastre total, une hécatombe. Le bateau du comité que je parviens à joindre m'apprend que nous ne sommes plus très nombreux, beaucoup de démâtages, des abandons, des concurrents qui sont partis s'abriter. Mais le bateau retombe lourdement, et casse un câble de bastaque. Je n'étais pas inquiet, il y avait une bastaque de rechange. Je faisais route avec huit mètres de creux, trois ris dans la grand-voile. J'étais probablement un peu inconscient.

On a traversé la mer d'Irlande. Difficile d'imaginer aujourd'hui ce genre de situation. On naviguait avec une petite radio gonio qu'on orientait comme on pouvait. Un émetteur était implanté à Kinsale. Personne ne connaîtra plus cette impression. Avec cette radio à moitié hors service, l'antenne sur le pont, il fallait malgré tout trouver un relèvement. Je supposais me situer pas très loin de la côte, sans trop savoir à quelle distance j'en étais dans cette brume. D'un seul coup, comme dans un film, la brume s'est levée, un ciel tout bleu et derrière, deux cailloux. Par-dessus, quelques vaches en haut d'une falaise verte. À droite de la rivière de Kinsale, deux rochers, les « Sovereigns », à trois cents mètres droit devant. J'ai viré aussitôt. Si la brume avait tardé à se lever, je tapais dedans… Enfin, j'aurais peut-être entendu les brisants.

C'était magnifique. Je savais où j'étais, j'ai fait route, longé la côte et remonté la rivière sous ce ciel bleu. Je ne pensais pas être hors temps ; quant à mon classement, je n'en avais aucune idée. À bord, tout était en vrac. En arrivant au port, j'aperçois le bateau de Marc, puis celui de Patrick Eliès. À l'un des organisateurs que je croise, je demande combien de bateaux sont déjà arrivés. Nous n'étions que dix dans le port. On me prend, on m'emmène dans un petit pub. Les premiers étaient là depuis quatre ou cinq heures. Il y avait dans ce pub ceux qui pour moi étaient des stars : Gilles Gahinet, Philippe Poupon, Patrick Eliès, Jean Le Cam, Joël Charpentier, Pierre Follenfant, Olivier Moussy. J'étais complètement occis. Tout le monde me félicitait. La remontée en mer d'Irlande avait duré un moment. Nous étions seulement treize bateaux, j'étais dixième au général. Il faut imaginer l'ambiance sur les pontons, nous n'étions que treize ou quinze coureurs, deux bateaux suiveurs et terminé. Il n'y avait plus personne. Tout le reste de la flotte était éliminé.

Avant le départ de la dernière étape, le comité nous a sérieusement mis en garde. La météo risquait d'être très dure pour ce retour vers la Bretagne, mais personne n'annonçait ce qui deviendrait la tempête du Fastnet. On repart, prévenus que ce ne serait pas de tout repos. Au milieu de la mer d'Irlande, je ne comprenais plus trop ce qui m'arrivait. Cette fois, il y avait vraiment du vent. Dès la fin de la première nuit, trois ris, tourmentin. J'ai dormi une bonne partie de la nuit la tête sur la table à cartes. Le bateau était vraiment bien équipé. Je n'étais jamais dehors, avec le régulateur, le bateau s'en tirait parfaitement. Au début j'avais chargé le bateau, j'allais très vite, six-sept nœuds au près. Le bateau cognait fort. Je me disais : « Pourquoi pas, puisque ça tient ? » Le lendemain il restait une grande houle, la houle de la tempête du Fastnet. Sans le savoir, j'avais été plutôt vite durant la première nuit. Derrière, le bateau de Follenfant avait explosé dans le creux d'une vague. Il avait à peine eu le temps par VHF de dire : « Mon bateau coule, mon bateau coule ! » Olivier Moussy a aperçu un reflet sur l'eau, il s'est approché, il a découvert une torche étanche allumée et plus loin Pierre Follenfant qu'il a réussi à récupérer. Par la suite, on l'a surnommé le « saint-bernard des mers ». Moi je continuais, mais je n'avais plus d'électronique, plus rien, tout était cassé, même les fils de la gonio étaient arrachés.

C'était vraiment du sale temps. Il me restait uniquement le Consol. Je restais collé au petit récepteur radio à compter les « ti… ti… taa… taa… » Malgré le très mauvais temps, j'estimais faire route sur la chaussée de Sein, probablement assez rapidement. Dans la journée qui a suivi, alors qu'on laissait Ouessant à bâbord, la mer était dantesque, une houle de quatorze ou quinze mètres de haut. Une mer vraiment très grosse qui finalement s'est calmée assez vite dans la journée. Je n'avais plus de gonio et donc plus aucune précision pour aller sur la bouée de la chaussée de Sein que nous devions laisser à gauche. C'est une bouée située au large de l'île qu'il faut virer pour retourner sur Penmarch. Je devais absolument trouver cette bouée, mais la visibilité n'était pas excellente. Avec les points-traits du Consol j'avais une grosse approximation, mais l'émetteur proche et situé sous un mauvais angle ne m'aidait que très peu. J'avais essayé de bricoler la gonio, sans résultat. J'estimais ne pas être bien loin.

Entre-temps, le plafond s'était abaissé et la brume devenait plus dense. À un moment, à droite, une masse sombre est apparue. Je ne parvenais pas à l'identifier, un bateau, une bouée, un rocher ? J'ai lofé pour m'en rapprocher. Cette fois il s'agissait bien d'une bouée, une cardinale. Elle correspondait aux documents, pour moi c'était la bonne, mais je refusais le moindre doute. Je me suis dit qu'il fallait en être absolument sûr. Je suis arrivé à côté de la bouée, j'ai choqué pour pouvoir lire son nom directement sur la ferraille. C'était la bonne. J'ai vraiment sauté en l'air dans mon bateau. Un soulagement, un bonheur. Sans ça, j'allais droit dans les cailloux. Je ne sais pas ce qui serait arrivé. À cette distance, ça passe peut-être…

Brusquement, je me suis dit « Je suis bien, en passant la chaussée de Sein maintenant je ne devrais pas être mal classé ». L'arrivée à Concarneau se précisait. La tempête est tombée dans la soirée, il me restait vingt milles à parcourir. Plus rien d'électrique ne fonctionnait à bord. Sur ma petite radio à piles, j'entends : « Patrick Eliès est situé à une heure de Penmarch ». La lumière s'était un peu levée. Je sors aussitôt avec les jumelles, je cherche partout, devant, derrière, rien. Vers vingt heures, toujours sur ma petite radio, j'apprends l'arrivée de Patrick Eliès : il avait gagné toutes les étapes. Quant aux autres concurrents, aucune position connue pour le moment. À ce moment j'ai appris l'ampleur de l'hécatombe, tous les naufrages et les disparus dans la course anglaise du Fastnet… On savait que quelques concurrents étaient passés mais, sans les balises d'aujourd'hui, impossible de savoir où se situaient ces rescapés. Pierre Follenfant avait été récupéré in extremis par Olivier Moussy, Jean le Cam avait perdu son safran… Malgré la grosse tempête, tout le monde était sain et sauf.

Pour arriver sur Concarneau, nous devions laisser l'île des Moutons à bâbord. Je n'avais à bord aucun instrument en état de fonctionner, aucun feu, juste ma radio et une lampe de poche. Derrière l'île des Moutons, j'étais sous spi avec trois nœuds de vent sur l'arrière. Le pêcheur ne m'a vu qu'au dernier moment. Je le voyais venir droit sur moi, avec ma lampe de poche, je faisais des signes, mais rien. J'ai hurlé, il s'est dérouté à quelques mètres de moi. Mais sur la vague de son sillage, mon bateau a été bousculé et le spi léger s'est enroulé sur l'étai, jusqu'en haut. Il faisait un peu humide, avec le jour qui tombait, le spi était bien serré. On appelle ça un cocotier. Celui-ci semblait définitif. Sous grand-voile seule, je suis parvenu à sortir de ce coin des Moutons. Même si je n'avais pas dormi beaucoup en descendant, avec la marine marchande j'avais de bonnes notions de la gestion du repos, des quarts. J'étais arrivé là après trois cent cinquante milles de course, dans un état de fatigue avancé. Vers minuit, j'étais épuisé. J'ai voulu insister, comme un zombie, mais je suis tombé dans un lourd sommeil, à moitié dans l'eau, sur la table à cartes. À l'arrivée, j'ai découvert l'eau dans le fond du bateau. J'avais dormi en pataugeant dans vingt centimètres d'eau.

Je suis sorti, comateux, sur le pont. Devant moi, un Zodiac. À bord, trois copains et ma compagne de l'époque. Ils me parlaient doucement. « Tu te réveilles, tu reprends tes esprits ». J'étais physiquement en ruine.

« Bertrand, voilà. Tu as deux heures et demie devant toi, après tu seras disqualifié. Tu es second de l'étape !

– Quoi, c'est quoi cette histoire, deuxième ?

– Patrick Eliès est arrivé hier soir avec du vent, vers une heure du matin juste avant que le vent tombe. »

Il était cinq ou six heures du matin.

« Allez vas-y, monte. Tu dois défaire ce spi. Ensuite le vent viendra de terre, tu seras au près. Il n'y a plus que dix bateaux en course, vas-y ! »

J'avais dix-huit ans, comme un ressort je suis monté tout de suite. « Je suis second ! » J'ai affalé, préparé le génois, la grand-voile. Le vent arrivait. « Je suis second ! » Un vent de terre du matin, je suis reparti au près. Il me restait cinq ou six milles à faire jusqu'à Concarneau. Puis j'ai aperçu Joël Charpentier à un ou deux milles derrière.

Bertrand n'a aucune raison d'écourter son histoire. Nous avons le temps, pendant le récit le bateau attentif glisse sans caprice : ce quart ne se terminera pas avant peut-être une heure. Cette imprécision dans les horaires compte d'ailleurs parmi les désagréments que doivent accepter les invités des navigateurs habituellement solitaires. Eux naviguent sans quart, et s'octroient parfois un moment de repos vécu comme des minutes de défaite. Le sommeil ne fait pas partie du programme, c'est un répit inavouable.

Les gens de mer sont réservés, c'est établi. J'ai pourtant l'impression cette fois qu'une partie du récit a disparu. Ce Zodiac qui débarque d'on ne sait où, ces voix qui lui dictent la marche à suivre…

Pourquoi cette ellipse ? Ça n'a pas dû se passer comme il le rapporte. Cette énorme tempête au beau milieu de l'été, le choc qui dépasse le milieu de la plaisance. Ses parents, ou plutôt sa compagne, ont dû s'alarmer. Voilà, c'est ça : elle s'est inquiétée et a monté une sorte de petite expédition avec deux ou trois amis. Ils se sont enfoncés dans les brumes de l'aube à sa recherche. Il devait se trouver à proximité de l'archipel des Glénan. Et là, hasard, chance ou amour, ils se retrouvent. Eux approchent, le pont est désert. Le spi tirebouchonné évoque un accident, aucun bruit. La situation se dramatise. La belle est déjà en pleurs, les amis ne désespèrent pas. Ils cognent sur la coque en appelant, sans succès. Lui dort. Elle monte à bord, le retrouve, le réveille. Ils nagent dans le bonheur et l'eau des fonds un court instant. Conscient de son devoir, il reprend la course. *Happy end.* C'est la version que je propose, faute de mieux.

Au près dans le chenal de Concarneau, après toutes les aventures de cette étape, l'accueil était délirant. Nous étions fêtés comme des revenants. Tant de casse, de sauvetages, les quinze morts de cette tempête du Fastnet… Je crois que neuf bateaux seulement sont arrivés à Concarneau.

Pour moi c'était vraiment important, comme j'avais fini les quatre étapes dans les temps beaucoup de choses ont changé à ce moment-là. Brusquement, des gens de Paris voulaient s'occuper de moi. Ils étaient encourageants : « On va déjà préparer le Figaro pour l'année prochaine, avec un nouveau bateau, un nouveau sponsor, il va falloir faire les choses sérieusement, professionnellement… » Il y a eu des articles un peu partout. « De Broc, un coup de maître » avait titré le Figaro. *J'ai fait la une de* Ouest France *avec Patrick Eliès le vainqueur. Tout est venu d'un coup. Quatre mois auparavant je n'avais pas traversé la Manche ni le golfe de Gascogne. C'était ma première course en solitaire, alors finir deuxième d'une étape, huitième d'une autre ! Laurent Bourgnon a gagné très jeune le Figaro, et la dernière étape en 88, Alain Gautier avait gagné l'étape d'Irlande à vingt et un ans. Mais je crois que nous ne sommes pas nombreux à avoir eu des succès à moins de vingt ans dans cette course.*

En fait, cette règle absurde des quinze pour cent n'a pas été appliquée jusqu'au bout. Le comité s'est rendu compte qu'officiel-

lement nous n'étions plus que deux à être dans les temps. Olivier Moussy a été crédité de cinq heures pour le sauvetage de Pierre Follenfant. La dernière étape, qui s'est courue à Concarneau un ou deux jours après, devait initialement faire partie du classement officiel. C'était un parcours de vingt-cinq milles en solitaire. Or Patrick Eliès a démâté dans cette étape, mais voilà, cette étape a été supprimée du classement. En démâtant il n'a pas fini, en ne finissant pas il était hors temps donc disqualifié. D'une certaine manière, j'aurais pu gagner cette course.

Mes frères n'entendaient pas en rester là. Quand on est passé chez les parents, il soufflait un vent de révolte. Les frangins coupaient des branches, des bambous, et déchiraient des vieux draps blancs. Ils ont confectionné de grandes banderoles avec un slogan « La règle des quinze pour cent doit être respectée du début à la fin ! » À la mairie de Concarneau, pour la remise des prix, j'étais avec tout le monde dans l'assemblée, et brusquement je vois des banderoles se lever. Mes frères avaient treize, quatorze ans… Aussitôt les organisateurs se sont jetés sur les bannières pour remettre de l'ordre.

Cette course s'était bien terminée, l'hiver est arrivé. Je voulais connaître l'Atlantique, j'ai mis un terme à ma carrière dans la marine marchande.

IV

Des légendes

Bateau : *Biscuits Coathalem,* voilier Bénéteau de série ou presque
Type : First 30
Lieu : Atlantique Nord
Occasion : course, convoyage et autres fantaisies
Course : Transatlantique Twostar
Année : 1980 et 1987 pour la course Lorient – Saint-Pierre-et-Miquelon – Lorient

Les vigiles du Centre Pompidou racontent qu'un jour, sous le portique de détection de la bibliothèque, une femme est passée sans éveiller le moindre soupçon. Ces quatre gars-là sont pourtant de nature suspicieuse, ils veillent, et la moindre pièce de monnaie fait hurler la machine. Sur les écrans de contrôle aussi, la femme disparaissait sous une transparente banalité. Elle a franchi les longs escalators parmi les milliers de lecteurs. Elle avait l'apparence de celles que l'instituteur oublie toujours d'interroger. Même le hasard ne l'avait probablement jamais désignée. Puis elle s'est assise, anonyme, devant une table de lecture après avoir ôté son manteau sans précautions particulières.

La panique qu'elle provoqua ce jour-là, elle et son joli collier, reste dans les mémoires des agents de sécurité. Elle portait en sautoir un serpent, un jeune python.

Depuis, pour franchir au plus vite le dispositif de sécurité, mieux vaut une allure extravagante. Un look dans la norme déclenche la défiance. Cependant, un certain visiteur fréquente la bibliothèque sans jamais avoir été inquiété. Ce n'est pourtant pas faute d'y faire de sérieux dégâts. Pas de vulgaires dégradations, non. Lui rechercherait plutôt la blessure. Rien du sagouin qui arrache une page laissant un message anti-intello qu'il présume universel. Ni dépravé ni voyou, il s'en prend plus à l'auteur qu'au lecteur. Il appartient au genre justicier redresseur de vérité. Lui relève et corrige scrupuleusement.

Parmi les indices qui pourraient peut-être un jour lui être fatals se cache une singularité. Dans l'immense bibliothèque, il opère exclusivement dans les rayonnages ayant trait à la navigation. Je n'ai pas la prétention d'avoir parcouru tous les autres, mais je n'ai jamais croisé ailleurs ces petites annotations cinglantes et vengeresses. Ses notes de bas de page, sans bavure, sont calligraphiées au stylo à plume avec une encre d'une couleur rare, un ocre pastel, on l'appelle terre d'ombre. Il ne s'agit assurément pas d'un plaisantin. L'écriture aux jambages strictement verticaux présente une précision géométrique scrupuleuse.

À ceux qui le recherchent, je proposerais d'écarter d'emblée toutes les professions qui ont le souci de préserver l'importance de leur savoir par l'usage d'une écriture indéchiffrable ou d'un vocabulaire abscons. Parmi les innocentés d'office, je classerais les professions médicales ou juridiques, les professeurs des classes préparatoires aux grandes écoles et avec moins de certitude les théologiens. Lui a la calligraphie délicate et la syntaxe limpide. Toujours exact, toujours correct, il se contente de préciser. Le palmarès d'un coureur comporte une erreur de date ou de classement, il la rectifie. Le commentaire d'une photo présente Éric Tabarly au Salon nautique porte de Versailles, une note rappelle que, cette année-là, le Salon avait lieu au CNIT de la Défense. Correcteur scrupuleux, il ne biffe ni ne raye, il rétablit sa vérité sans critique.

L'écrivain de passage, après la joie toute narcissique de retrouver son propre bouquin référencé dans un lieu aussi prestigieux, doit avoir un peu de mal à accepter d'être si justement annoté. Pour le lecteur en revanche, le correcteur secret devient familier, on le retrouve au fil des rayonnages. Sa déviance deviendrait presque attachante et seuls quelques bibliophiles s'en offusquent. Les ouvrages qu'il épargne obtiennent d'ailleurs une sorte de label de sérieux. L'énigme du vengeur planera peut-être pour un long moment dans le Centre Georges Pompidou. L'irritation des spécialistes nautiques officiels ne s'apaisera pas de sitôt.

C'est en cogitant sur la manie du bonhomme qu'un beau matin, parmi les rayonnages, dans un livre de photos, je suis tombé sur l'une de ses notes, plus péremptoire qu'à l'habitude. Un seul mot : FAUX.

La page aussi rudement corrigée comportait une unique photo légendée. Je la connaissais, elle avait été souvent publiée. Elle m'avait toujours intrigué. C'est une image de Christian Février, la lumière est parfaite. *Côte d'Or*, un maxi que dirigeait Éric Tabarly, longe un iceberg. Seuls le nom du bateau et un éléphant blanc, discret logo rappellent qu'un chocolatier belge a financé coursier et coureur. La coque brun-bordeaux tranche sur le blanc-bleu de la glace. À la contre-gîte un nombre impressionnant d'équipiers, une vingtaine pas moins, surveillent une grand-voile vierge de toute publicité. Ses laizes de kevlar au long de la chute dorée semblent effleurer l'iceberg. Le bateau frôle la glace, et l'on s'interdit l'inconvenance d'évoquer le symbole pâtissier, meringue, chocolat et papier doré, de la scène. Cette photo très rare pose tant de questions qu'on se perd en suppositions en la découvrant.

En revoyant cette image, je me pose toujours la même question. Pourquoi, avec tant d'atouts – Éric Tabarly, un iceberg, un maxi, une lumière inespérée dans ces coins-là, un second bateau pour saisir le spectacle – pourquoi donc cette petite maladresse de cadrage qui ôte au miracle un peu de sa perfection ? Pourquoi ce mât tronqué, coupé de rien, de trop ou trop peu ?

Une silhouette inquiète penchée à l'étrave, le ciel plombé, le reflet ensoleillé dans le génois, jusqu'à la forme de l'immense masse de glace qui domine le bateau et l'équipage, tout ne serait que prodige. Si seulement ce ridicule petit morceau de mât manquant – deux mètres à peine – pouvait venir compléter le contour du voilier. On découvrirait alors que le pic de glace en arrière-plan a une silhouette si précisément identique qu'elle apparaîtrait alors comme l'ombre blanche du voilier. Il manque si peu, vingt mètres de recul, moins peut-être. Christian Février, un photographe marin des plus incontestables, ne peut être mis en cause, alors pourquoi ?

Sous la photo, un texte court précise les circonstances de la prise de vue. Un bateau de pêche de six mètres, en bois, au sec depuis plusieurs mois, a transporté un petit groupe de photographes à dix milles au sud de Terre-

Neuve. Un iceberg y avait été signalé. L'équipage du voilier *Côte-d'Or*, alors second dans la course Lorient – St-Pierre-et-Miquelon – Lorient s'est rendu sur place, par curiosité. La température de la mer était de quatre degrés. Dès sa sortie du port, l'embarcation des journalistes faisait eau de toutes parts. Sous le commandement d'Éric Tabarly, le voilier fit un passage au près vers l'ouest, puis un retour sous spinnaker. Durant ces deux passages, les photographes ont dû écoper avec leurs chaussures, leurs bottes pour les plus prévoyants. Dix minutes après son retour au port, on dut déplorer le naufrage de l'embarcation des observateurs.

Sans vouloir encourager pour autant le vandalisme, si le correcteur sauvage de la bibliothèque de Beaubourg pouvait préciser, juste d'un mot, le pourquoi de son « FAUX » couleur terre d'ombre… Je ne dois pas être le seul à l'espérer.

Dans les aventures qui suivent, il est question d'une Transat en double dont la route passe un peu plus au sud de Terre-Neuve, mais si peu.

Après cette course du Figaro 79, j'avais encore envie de naviguer. Après cette réussite, un beau matin, j'ouvre la revue Voiles et Voiliers. *Je tombe sur une annonce où l'on recherche des équipiers pour traverser l'Atlantique depuis Malaga en Espagne jusqu'en Guadeloupe sur un Romanée, un voilier en aluminium de dix mètres. J'appelle, je me présente : « Voilà, je viens de faire le Figaro, j'ai été second à la dernière étape et septième au général. Maintenant j'ai envie de traverser l'Atlantique ». Mon interlocuteur, un peu surpris, est très heureux d'avoir affaire à un connaisseur. Pour moi, c'était intéressant de pratiquer le maniement du sextant sur un voilier. Donc, un beau matin, je prends mon sac et je fais route pour l'Espagne. Quimper – Malaga en train, escale à Bordeaux et nuits dans les bistrots : un voyage de trois jours.*

J'embarque pour Antigua. Je dois rentrer rapidement en France, mon service militaire débute fin mars. Seulement voilà, mon piston, censé me permettre d'être moniteur de voile à l'armée, ne fonctionne pas. Je me retrouve serveur au mess des officiers mariniers à Lorient, à la direction du port. Coïncidence incroyable, nous partagions, Marc Guillemot et moi la même chambre. En fait, nous préparions l'un et l'autre une participation à la course du Figaro 1980. On avait mis à ma disposition l'ancien Farceur, *un plan Farr de neuf mètres. Quand les conditions étaient bonnes, je m'entraînais sur ce half, sinon je naviguais avec Marc en X4, dans la rade de Lorient ou la rivière d'Auray. On travaillait quatre ou cinq heures chaque jour et le reste du temps, on était sur l'eau.*

On a fait beaucoup de sport durant cette période, on courait régulièrement, c'était aussi un moyen de sortir de la caserne plus tôt le vendredi. On faisait tout ce qui se courait ; des footings, des cross de neuf kilomètres, si bien que nous avions des permissions pour faire les cross interarmées à travers toute la Bretagne. J'aimais bien le sport, on cherchait toujours à en faire le plus possible. Déjà à l'école, je voulais être le plus performant dans le plus grand nombre de disciplines : judo, trois mille mètres sur piste, javelot, volley-ball, cross… C'était un moyen de m'échapper du pensionnat. Je trouvais toujours une compétition dans une discipline ou une autre. Je courais la Bretagne avec la bénédiction de la direction de l'école.

Comme Marc préparait aussi le Figaro, à deux mois du départ nous avions un bon entraînement. À l'arrivée des cent dix milles de Concarneau en solitaire, j'étais deuxième derrière Jean Le Cam. Quelques minutes nous séparaient, lui courait sur Galettes de Fouesnant *et moi sur ce fabuleux plan Farr. En fait, Marc a fini par faire cette course du Figaro 80 et moi non. Le curieux agent qui me suivait n'a jamais réussi à conclure avec les sponsors et j'ai dû renoncer à prendre le départ faute de financement.*

Durant l'hiver qui a suivi, les soirées à la caserne se terminaient souvent par des discussions et des projets en l'air. Cette année de service militaire dans la marine a été une année de sport, de dériveur, de navigation à droite et à gauche sur des bateaux de toutes sortes. En 81, je me trouve à régater sur le bateau de Philippe Goyat qui m'avait déjà aidé en 79 pour ma première course importante en solitaire. Ce jour-là, Patrick Coathalem, qui dirigeait une biscuiterie à Quimper, était venu naviguer avec nous. Cette journée rappelait celle qui avait décidé de ma participation dans la course du Figaro de 1979. De nouveau la régate se passe à merveille, la conversation glisse sur les projets. J'expose la situation ; je finis mon service militaire avec Marc Guillemot qui a déjà deux courses du Figaro à son palmarès. Nous aimerions bien faire la transat en double Plymouth – Newport sur le First 30, avec lequel nous venons de régater. Patrick Coathalem me demande combien coûterait ce projet. Alors évidemment, le soir dans la piaule, les calculettes ont chauffé. Pour l'époque, nous avions prévu un budget convenable. Un jeu de voiles complet, mais surtout un allègement sérieux et une mise en chantier conséquente.

Un jour, alors qu'on ne croyait plus trop à nos glorieux projets, Patrick Coathalem nous appelle pour nous donner son accord. Seulement, pour pouvoir participer à la Transat il fallait faire des qualifications, un parcours en double assez important, avant fin mars. Marc était libéré fin février, mais moi j'avais pris dix-sept jours d'arrêts, je sortais donc quelques jours avant la fin du mois. J'ai essayé d'expliquer que je devais sortir le plus tôt possible pour me qualifier, en vain. Le jour même de ma libération, je suis parti avec Marc vers une bouée au large de Laredo : au retour, notre qualification était acquise. Nous étions tout juste dans les délais. Cette fois, on était officiellement inscrit pour cette transat en double qui partait en juin. Je n'avais pas vingt et un ans, si bien que je ne pouvais pas légalement être skipper du bateau, et Marc se trouvait désigné d'office.

Le chantier d'allègement du bateau a commencé aussitôt. On a vidé intégralement la coque, de l'avant à l'arrière tout a été démonté, le moteur, la table à cartes, l'arbre d'hélice, les aménagements, les couchettes, tout, absolument tout, c'était une option extrême. Ensuite, on a remis en place une couchette cercueil et une table à cartes. Une table immense, format grand aigle, en contreplaqué de cinq millimètres. Elle était montée sur charnières et pouvait se relever. On pouvait étaler dessus une grande carte marine qui couvrait tout l'Atlantique, on tenait à voir tout le parcours d'un seul coup d'œil.

L'avant du bateau était renforcé. À l'arrière, sous le cockpit, on rangeait les voiles. Nous avions prévu de l'eau et de la nourriture pour vingt-sept jours de mer, nous avons traversé en vingt-cinq. À deux, sur un First 30 ce n'est pas mal, cinq nœuds de moyenne sur un parcours au près, une belle traversée. L'Atlantique-nord sur un bateau si petit, il faut se supporter, même si au mois de juin les dépressions sont moins fortes. Pourtant, tout s'est très bien passé. La navigation se faisait à l'estime, sans GPS, au sextant. Il n'existait aucun moyen de liaison, juste une radio VHF qui portait à vue ou à peine plus. On ne communiquait pas, enfin uniquement entre nous et c'est tout. Cet isolement pendant vingt-cinq jours, personne ne le connaîtra plus, même en faisant le Vendée Globe. On aura connu cette solitude-là, et c'est déjà ça.

La nuit dans de bonnes conditions, le régulateur d'allure nous évitait de barrer, avec pas mal d'embardées mais pour l'époque ce n'était pas dramatique. On partait à l'aventure, on pouvait être coulé par un cargo. En mer, on ignorait la position des autres concurrents, on n'avait aucune idée de notre classement. À terre notre position était connue, une balise Argos envoyait une position chaque jour.

Il y avait cette nuit-là une lune très puissante. Marc était à la barre. Dehors, je l'entends subitement crier « On va à la plage, on est tout près ! Écoute, écoute les rouleaux ! » On entendait vraiment des vagues déferler. Je ne comprenais plus rien. Avec cette lumière de lune un peu blanche et ces petites vagues, on avait l'impression d'aller droit sur le sable. On cherchait à voir le fond. On avait toujours un doute à cette époque sur sa position, parfois le dernier point sextant remontait à la veille ou la nuit précédente, d'ailleurs, je ne sais même pas si nous savions faire un point avec les étoiles. À partir de cette position, on entretenait l'estime, il fallait noter précisément la vitesse et la direction à peu près toutes les heures, mais il restait toujours une marge d'erreur. Il nous a fallu un bon moment pour comprendre que nous étions sur les bancs de Nantucket. À cet endroit, il n'y a que quelques mètres d'eau.

Nous étions cent dix bateaux au départ et nous avons terminé dans les cinquante premiers avec un des plus petits bateaux de la flotte, c'était vraiment bien. Le contrat avec notre premier vrai sponsor, qui nous avait confié un vrai budget, était rempli. En classe 5 (moins de dix mètres), Biscuits Coathalem *gagne à Newport, c'est sympa. L'arrivée, Newport, Tower Bridge, on se passe la caméra, on saute de joie dans le bateau, on avait fait un film en huit millimètres durant la traversée. Il reste aujourd'hui ces images de nos têtes à l'arrivée, avec nos cheveux longs, c'est comique.*

On a séjourné à Newport, Rhode Island, quelques mois. Nous étions en juin, le sponsor Patrick Coathalem nous avait rejoints. L'ambiance a changé depuis, mais à l'époque les gens étaient moins pressés. Il est resté une dizaine de jours avec nous. C'est fou, on naviguait tous les jours. Pour le plaisir, pratiquement dès le lendemain de notre arrivée, on naviguait en croisière sur le bateau. Le sponsor nous avait laissé un peu d'argent en repartant. Il était plutôt content qu'on arrive. Nous avions suffisamment d'argent pour vivre un moment. On dormait dans le bateau, on a rencontré beaucoup de gens. On avait vingt ans. On avait fini la transat loin derrière les ténors. Robert James et Chay Blyth avaient gagné. Cyril, un copain, nous avait rejoints, c'était le spécialiste démolisseur qui avait préparé le bateau. Même avec le recul, je trouve que la préparation était parfaite pour la course.

Un mois après l'arrivée, nous sommes repartis pour la France, à trois cette fois. Se retaper l'Atlantique dans l'autre sens sur un bateau de moins de dix mètres relevait un peu de la démence. Aujourd'hui on mettrait le bateau sur un cargo. Mais de toute façon, personne ne ferait plus de transat en double par le nord sur un bateau de cette taille. Après quatre ou cinq jours, nous étions dans le sud d'Halifax, et ce soir-là il n'y avait que de faibles brises. On aperçoit un bateau de pêcheur, et après une manœuvre à la voile – il n'y avait plus de moteur – on se retrouve à couple. On discute avec les pêcheurs, on explique la course et notre retour en France. Le patron étonné nous offre du pain, un peu de poisson, du vin. On s'est retrouvé avec un sacré stock de victuailles. Le soir, on faisait un festin ! Le vent est revenu aussitôt.

Un gros coup de vent, puis dès le lendemain, au près, une mauvaise dépression. On a voulu avancer, au plus vite. À la fin de la journée, la cloison centrale ne pouvait plus résister, elle a cédé. En l'inspectant à l'arrivée de la course, un début de fissure avait dû nous échapper. Il ne restait plus qu'à retourner à Newport, à nouveau cinq cents milles. À notre arrivée, il a fallu prévenir le propriétaire du bateau. Il n'existait pas beaucoup de solutions. Rapatrier le bateau par cargo n'était pas facile, la réparation non plus. Il nous a proposé de chercher un acheteur sur place et de vendre le bateau. En parlant de-ci de-là, un mois après, un des chefs de port de New York a fini par l'acheter.

Il y avait tant de catégories dans cette compétition qu'une remise des prix avait lieu chaque semaine. Quand notre tour est arrivé, le comité nous a remis une belle coupe pour notre victoire. Mais en sortant, Marc et Cyril ont été emprisonnés aussitôt pour vingt-quatre heures. Ils avaient pissé contre un arbre et les Américains ne transigent pas avec les comportements gaulois. Marc a tout juste eu le temps de me confier la coupe avant d'être embarqué.

V

Mise à l'eau, mise à prix

Bateau : *Groupe LG*
Type : catamaran 60 pieds
Lieu : Atlantique
Occasion : démâtage, sauvetage et peinture
Course : Route du Rhum
Année : 1990

1990. Uniquement pour se roder sur ce nouveau bateau, on est parti un matin à Vigo, en Espagne. Nous avions suivi un entraînement rigoureux, Marc et moi, pour cette épreuve du Figaro. Pour repérer l'arrivée, nous avions navigué trois jours dans la baie, puis nous étions remontés au près vers Bénodet. Les nouveaux bateaux Bénéteau, les « Figaro », couraient pour la première fois. Nous avions aligné une équipe de trois bateaux pour un même sponsor : Groupe LG. Christine Guillou, Marc Guillemot et moi, la même déco pour les trois bateaux, c'était une première, restée unique à ce jour.

Le meilleur moyen de découvrir ce nouveau bateau, c'était de faire de grandes balades, de naviguer. En remontant le golfe de Gascogne nous avions trouvé, Marc et moi, un système d'en-

traînement inédit. Il y avait dix nœuds de vent ou guère plus, de face. C'était exactement les conditions que nous allions rencontrer pendant la course. Chacun partait sur un bord pendant une demi-heure, puis par radio VHF on annonçait « On vire ! » Sans repères, il fallait rester concentré sur les réglages. On prévenait « Top, virement dans dix secondes ! » Au croisement, on faisait le bilan : « Tiens, il m'a encore mis cent mètres dans la vue. Il barre mieux que moi ! » Puis on repartait, chacun dans sa direction.

On a beaucoup appris par ce moyen. Les conditions du large ne se retrouvent pas en tournant entre trois bouées dans la baie de Sainte-Marine. Il faut guetter les bascules du vent, les nuages. On trouvait des variantes : choisir le bord, ou bien faire des virements plus rapprochés. Croiser l'autre avec du retard deux ou trois fois de suite devenait vite crispant, il fallait rapidement trouver un moyen d'améliorer les réglages. On s'est entraîné tout le mois de mai. Finalement, le résultat a été probant puisque j'ai fini cinquième et Marc dixième de ce Figaro 90.

Cinq mois avant le départ de la Route du Rhum en novembre, nous n'avions ni projet ni bateau, pas même la simple idée de participer à cette course. À l'arrivée du Figaro à La Rochelle, Roger Paillet, qui travaillait dans l'équipe, m'annonce qu'un catamaran de soixante pieds est mis en vente aux enchères dans trois jours. On va voir ce bateau. Il a juste l'air un peu fatigué. On tape dedans, il semble costaud. C'est un plan Lombard, il a couru pour Lejaby Rasurel. Il avait déjà cassé un bon nombre de fois. Il avait été modifié, consolidé, et possédait le record de la traversée de la Manche.

La course du Figaro s'achevait. La veille de la régate de clôture avait lieu un dîner avec Pierre Oppermann, le directeur de Groupe LG, qui me sponsorisait. Roger me glisse : « C'est peut-être le moment de parler de la vente de ce bateau, on ne sait jamais ». Je parle donc de cette Route du Rhum qui doit partir deux mois plus tard. J'en profite pour décrire le bateau qui sera mis en vente le lendemain matin à dix heures. Il n'est pas très présentable, n'a plus de voiles, plus d'électronique, tout est en vrac. Et en plaisantant, je propose une participation à la Route du Rhum. Pierre Oppermann me répond que c'est bien trop tard, que c'est non.

Sans vigilance, on peut facilement confondre toutes ces courses. Entre celles qui appareillent vers le soleil, et d'autres qui vont et reviennent sans même voir un arbre, il y a les courses d'été, qui affichent des parcours trompeurs de croisières familiales. Plus rares, celles des froids de l'Atlantique Nord, qui s'entourent de cauchemars glacés. On parle du Saint-Laurent, de Terre-Neuve, de brumes et de morues, de doris perdus, de Nantucket enfin. Restent quelques perles que se réservent les érudits les plus fouineurs, Sydney – Hobart, Los Angeles – Honolulu, aux comptes-rendus improbables. Confidentielles en France, elles ne peuvent inspirer que des sponsors dépressifs en quête d'une image de commanditaire maudit. Ils ne sont pas introuvables, mais l'aventure semble peu recommandable.

Le lendemain pendant la vente aux enchères, je courais la régate de clôture. J'arrive dans les cinq premiers. En arrivant, Roger me fait un signe que je ne comprends pas, avec le pouce. Il insiste, puis renonce et me glisse : « Il a acheté le bateau ! » Moi, j'avais sorti cette histoire de Route du Rhum tout à fait au hasard. J'avais d'ailleurs l'impression qu'il était préférable que ça reste une plaisanterie, les délais étaient effectivement trop courts. Avec ce bateau encore saisi par les douanes à deux mois du départ, on allait droit aux ennuis.

Le bateau a été acheté deux cent cinquante mille francs, environ quarante mille euros. Avec Roger, on a essayé de dépêtrer les affaires administratives, mais les douaniers refusaient obstinément que le bateau quitte le quai sans qu'un nombre effarant de formalités soient remplies. Le bateau devait partir chez CDK au plus vite, le chantier était réservé. J'ai appelé Pierre Oppermann et j'ai expliqué que le bateau ne pouvait pas sortir du port. Alors, d'une voix solennelle il m'a répondu par une question : « Bertrand, vous voulez faire la Route du Rhum ? »

La voilà, l'épreuve identifiable sans ambiguïté, le chef d'œuvre du publiciste Michel Etevenon. Par son titre d'abord, qui sent étrangement la prohibition : « la Route du Rhum ». L'abus d'embruns semble bien protéger notre belle jeunesse, l'alcool pour une fois ne dévoie personne. C'est vrai que le rhum n'a jamais voyagé sur cette route dans ce sens-là.

Un petit film précède immanquablement le départ de chaque édition. Il a vieilli, ses couleurs ont pâli, mais les rayures sur la pellicule apportent cette touche d'authenticité et d'amateurisme si particulière. Tous les quatre ans, avec une régularité olympique, revient la belle histoire du petit trimaran jaune. Sans le clip début novembre sur le téléviseur, aucun doute, c'est une année sans Route du Rhum.

La caméra suit un élégant bateau presque noir, très long. Un trimaran jaune surgit, qui le laisse sur place et disparaît hors du champ. À première vue, le monocoque, garant de la tradition mais bleu nuit, donc austère, se fait bousculer radicalement par un trimaran jovial parce que jaune.

À chaque rediffusion, un commentaire précise les circonstances que l'image n'apporte pas. Route du Rhum 1978, première édition. À la barre du trimaran jaune, Mike Birch file vers la ligne d'arrivée toute proche. Sur le monocoque noir, Michel Malinovsky, le perdant chevaleresque, se voit privé de lutte tant la vitesse des deux bateaux paraît incomparable. Le commentateur, s'il dispose encore d'un peu de temps – occasion rare – décrit la lutte entre les monos et les multicoques innovateurs en ces temps reculés. Une époque où certains pensaient pouvoir l'emporter sur leurs coques traditionnelles venues du fond des âges.

« Bertrand, vous voulez faire la Route du Rhum ? » C'est un souvenir très fort.

« Oui, alors moi je vous le dis, vous prenez le bateau et vous partez avec ! »

Alors cette nuit-là, dans le port des Minimes à La Rochelle, Roger et moi nous avons kidnappé le bateau. Heureusement la barre fonctionnait. La grand-voile était sur la bôme depuis trois ans, peut-être plus. Il n'y avait pas de moteur. Dans la nuit, on est parvenu à se dépaler du coin. On est resté à bricoler devant le port un bon moment. Il nous a fallu tout de même deux jours pour remonter à Port-la-Forêt.

Aussitôt au chantier, une équipe de douze personnes s'est mise au travail. De nouvelles voiles ont été réalisées dans le même temps, si bien que trois semaines plus tard le bateau était remis à l'eau. Je suis parti immédiatement faire mes qualifications en solo, cinq cents milles. Au retour, avec Marc, nous avons établi un record Port-la-Forêt – Brest ; c'était l'occasion d'éprouver le bateau.

Quelques jours après, il fallait être à Saint-Malo au milieu des ténors. Le bateau était très agréable et ne m'inquiétait pas. Après Jet Service, Stalaven *et les formule 40* Optique Beaumont *j'avais une certaine expérience des catamarans. Je ne m'occupais pas de la navigation, je n'avais pas le temps. Le routeur m'envoyait des points par télex. Je lui faisais confiance. De ce côté-là, tout s'est bien passé. Un début de course un peu délicat, mais je n'ai jamais été distancé. Le deuxième jour de course, un fort vent se lève au portant. Et là, j'ai sérieusement accéléré. Quatre cent quarante milles dans la journée, presque vingt nœuds de moyenne, ça avoinait copieusement.*

Le bateau était simple à manœuvrer. J'avais deux voiles devant, pas d'enrouleur, une trinquette sur la petite poutre, et un solent. Si le vent montait fort, c'était trois ris trinquette, plus fort encore trois ris et rien. Les manœuvres étaient simples. Réduire, larguer la drisse, la voile tombait, ajouter un raban sur la drisse, la voile flapait un peu. Mais c'est l'avantage du catamaran, les voiles tombent dans le filet, il y a de la place. Sur un trimaran, il faut tirer, se battre, même pour affaler une trinquette. Là, les voiles battaient parfois un peu, mais dès que j'avais le temps, je remettais tout ça au propre. Avec les mousquetons, la chute était nette, c'était bien plus rapide que nos enrouleurs actuels, une sangle était prête, avec un crochet, je fixais la drisse et je repartais.

À l'origine, ce catamaran avait des foils droits, je ne voulais pas d'ennuis avec ces trucs. On les avait donc ôtés, on avait bouché les trous, en plus il y avait un début de délaminage là-dedans. Hubert Desjoyeaux m'avait donné ce conseil : utiliser les dérives normales, sabres, et rien de plus. On avait éliminé ce qui paraissait douteux ou compliqué. Au deuxième jour, j'étais dans les cinq premiers, et le matin du troisième jour, je suis même passé en tête pendant une heure ou deux, devant Florence Arthaud.

Dans l'après-midi, quatre jours pleins après le départ, nous avons passé les Açores, nous étions au nord-ouest de Pico. Je barrais beaucoup, il n'y avait pas de souci. Après le fort vent du matin, ça se calmait un peu. Un ris, solent, je marchais à seize nœuds au près. C'était rigolo, dans ce petit cockpit, avec la barre à roue. D'ailleurs ce n'était vraiment pas idiot cette barre à roue, je suis sûr qu'il faudrait repenser à ce genre de volant. Il était seize heures. Nous avions des balises Argos, un Sarsat, et le GPS depuis peu. Notre position était suivie.

On n'a pas eu de conditions vraiment difficiles, juste un petit passage de front qui m'a valu de me retrouver à sec de toile en cinq minutes. Un front arrivait, j'ai tout affalé au plus vite, grand-voile, solent. J'ai été mangé un peu, pendant un quart d'heure, vingt minutes. Le bateau dérivait, le front est passé, quarante-cinq nœuds, le temps de déjeuner. Puis le noroît s'est établi, j'ai renvoyé la toile et c'est reparti. C'est finalement pas mal de faire ça. Dans un front rapide qui passe, il peut y avoir de grosses claques sournoises de noroît. On ignore aussi ce qu'il y a derrière. Cette fois, il restait trente nœuds après le front. J'avais des voiles légères en kevlar, je les avais bien assurées, préservées.

Quatre-vingt-dix-huit secondes ! J'oubliais l'essentiel, le lancement, dans l'histoire du trimaran jaune, le chapeau, l'accroche. Après vingt-trois jours de course, dans cette édition inaugurale, quatre-vingt-dix-huit secondes séparent le jaune du bleu sur la ligne. Évitons de dire un peu moins de deux minutes. Un peu de respect pour ces secondes qui ont fondé la légende. La Route du Rhum part de Saint-Malo tous les quatre ans. La fréquence bissextile de diffusion du clip vidéo évite toute hésitation sur la dénomination de la compétition.

Mais tout de même, dans l'esprit du téléspectateur qui n'aurait aucune idée du comportement des engins flottants peut naître une question innocente de prime abord : si le bolide jaune va à cette vitesse depuis vingt-trois jours, il a dû faire un sacré détour ? Il s'est perdu, il a attendu un copain, il a fait l'aller-retour, il avait oublié le champagne, il a traîné au départ, négocié une exclusivité, il a regardé les autres à la télé ?... Consultés sur ce point, les spécialistes m'ont alerté : si la question semblait simple, la réponse était complexe.

Il nous reste ce fameux petit film, aussi frais qu'un scopitone de Claude François, le vidéoclip de l'époque. Les attachées de presse simulent d'ailleurs avec un émoi très professionnel sa découverte à chaque nouvelle édition. Aujourd'hui, peu de documents attestent de l'empoignade légendaire. Guère plus de deux ou trois photos témoignent de ce moment fondateur de la voile moderne, mais pourquoi ? Face à ce grand mystère, je souhaiterais émettre une hypothèse personnelle. Mais avant tout, et puisque le témoignage nous en est fait avec tant de retenue, naufrageons.

En fait, je n'avais rien cassé jusqu'à ce fameux jour, ce quatrième jour à seize heures. J'étais vraiment bien placé, j'avais décidé de freiner le bateau pour dormir un peu. J'ai pris un ris de plus, envoyé la trinquette. Mais je ne sentais pas ce réglage. Deux heures plus tôt, le bateau ne forçait pas, la coque au vent soulageait. Et là, alors que j'avais réduit, abattu, choqué, préservé, c'est le contraire qui arrivait : le bateau tapait, de mauvais chocs. Une heure après, le mât est tombé.

Il était posé, comme les mâts-ailes aujourd'hui, sur une boule en inox. Deux équerres empêchent la rotation du mât, l'une d'elles a cassé. Une pièce qui ne vaut rien, quinze euros à peine. On avait pourtant tout inspecté, on avait gratté les soudures, tout était propre, vérifié, le composite, la coque. Si on avait changé ces deux pièces pour d'autres plus solides, le coût aurait été négligeable et j'aurais pu aller au bout.

Seulement, en tombant, les choses se sont aggravées. Un morceau du mât est venu perforer le flotteur tribord. J'ai nettoyé le pont, les haubans étaient en rod – de l'inox plein – qu'il m'a fallu découper à la scie à métaux ! J'ai pu récupérer la bôme et envisager un gréement de fortune, le reste est passé à l'eau. Mais le sponsor a exigé que je quitte le bord pour un cargo qui arrivait sur zone. J'ai appelé le centre de presse, j'ai fait le topo, raconté mon blabla :

« Démâté... pas content ! » Et puis, vers dix ou onze heures du soir, le cargo est arrivé.

J'avais enfilé le ciré, une flash-light dans une poche, la brassière, un sac à dos. J'avais préparé un long boute au cas où je raterais l'échelle de coupée du cargo quand il passerait à côté de moi. J'avais prévu de lancer ce boute, pour que l'équipage puisse me récupérer à l'eau. En fait, ma préparation avait un air de première hivernale dans les Alpes, style face nord des Drus, une lampe torche de secours dans une poche, la lampe frontale à poste, les papiers du bateau dans le sac à dos, deux ou trois fringues pour me changer et « à l'abordage ! »

Le cargo s'est approché doucement. Je voyais bien ses feux, dans la nuit très noire. Au dernier moment, j'ai compris qu'il était très chargé, bas sur l'eau et assez court, pas plus de quatre-vingts ou cent mètres de long. Il est venu au vent, s'est laissé dériver sur moi. En profitant d'un mouvement de houle, j'ai sauté et je me suis retrouvé au milieu d'un tas de tuyaux. J'ai largué le boute qui m'assurait au catamaran, et qui devait me permettre de le rejoindre en cas de ratage total. Le boute était très long, il ne fallait pas qu'il m'entraîne à l'eau avant que j'aie terminé mon ascension du cargo.

Depuis la passerelle, j'ai appelé le comité de course pour rassurer tout le monde. Par un hasard surprenant, le navire qui m'avait recueilli se rendait précisément en Guadeloupe, à Pointe-à-Pitre. Il transportait les éléments d'un pipeline destiné à la réalisation d'une adduction d'eau douce qui devait relier Saint-François à La Désirade. J'avais une sensation de lenteur. Ce petit cargo allemand avait un équipage de plusieurs nationalités. Ils étaient six ou sept à bord, pas plus. Je demandais régulièrement si je pouvais les aider, peindre ou faire une bricole, participer... On me répondait invariablement que non, je ne devais rien faire, seulement lire et attendre.

Un jour, à force de demander, on m'a proposé un boulot. Un boulot qui devait me dissuader d'insister, un boulot dont je ne devais pas me sortir : ils m'ont donné à peindre une espèce de grande cage en ferraille assez grande, avec des pieds, un objet vraiment tordu. J'ignore ce qu'on peut faire d'un engin pareil. « Voilà, tu veux peindre, tu as la journée, après tu nous diras ce que tu en penses ! » Ton mi-vengeur mi-ironique. Une heure et demie plus tard, je retournais voir le commandant pour lui annoncer que j'avais terminé. Il a cru que je me moquais de lui. « Non, non, impossible ! » En me donnant ce truc à peindre, ils avaient bien combiné leur coup. Ils avaient dû parier que je commencerais à peindre par l'extérieur, ce qui, l'intérieur devenu inaccessible, m'empêcherait de continuer. C'était assez vicieux, mais comme j'avais préparé des bateaux, je savais me tirer de situations de ce genre. Je les ai plutôt bluffés.

Après ma performance de peintre, j'avais réussi à établir un semblant de dialogue avec le commandant et je passais plus souvent à la passerelle. L'ambiance à bord était assez tendue, certains marins priaient sans arrêt, d'autres jamais. Neuf jours très longs. À Saint-François, où le cargo avait mouillé pour déposer sa cargaison, j'ai été débarqué par une vedette.

La Route du Rhum 1990, pour moi ça a été trente pour cent voile, et soixante-dix pour cent diesel. Florence Arthaud est arrivée l'après-midi et moi le matin. Pour une fois j'arrivais le premier au bon endroit, c'est déjà ça, mais pas sur le bon bateau.

1978. Quatre-vingt-dix-huit secondes ! Il y a prescription, plus rien ne défend de proposer une mise à jour de l'histoire. Adieu donc le petit film court, simpliste et un peu réducteur. Nous allons assister à la naissance d'une diva, le premier chapitre d'une légende : la première Route du Rhum.

Les alizés taquins avaient décrété qu'il était temps de régler quelques questions d'idéologie navale. Parmi les interrogations pressantes : à quoi ressemblerait un voilier rapide dans les trente ans à venir ?

Matinée guadeloupéenne, le débat va commencer. Parmi les cumulus blancs, quelques gris ne se cachent pas d'être de sérieux grains. Après vingt-trois jours de mer, l'assemblée s'est réunie. Elle devra trancher.

À droite du plan d'eau, dans le rôle du conservateur : *Kriter V.* Monocoque bleu nuit, vingt et un mètres pour dix-neuf tonnes, élégance et raffinement incontestables mais poids certain. À la barre, le Français Michel Malinovsky.

À gauche, le futuriste : *Olympus Photo.* Trimaran jaune pétant, onze mètres trente pour deux tonnes trois, en fait plutôt pataud quand on connaît ses descendants. À la barre, le Canadien Mike Birch.

Au centre, et c'est déterminant, le public. Puis les fans, les amis, les invités, les amateurs, et surtout : les journalistes. On distingue même des rédacteurs, parfois en chef. Ils se sont sacrifiés au moment du choix rédactionnel essentiel – couvrir le départ à Saint-Malo début novembre sous la pluie ou l'arrivée à Pointe-à-Pitre. Pour l'heure, ces observateurs sont plutôt préoccupés par la composition de leur petit déjeuner subtropical. La journée sous ces latitudes s'écoule ainsi, au rythme de grandes décisions.

Mais en ce jour historique, les alizés ont opté pour l'esbroufe. Histoire de réveiller un scénario languissant, ils ont placé à l'aube le multicoque jaune à la « Tête de l'Anglais » (ça ne s'invente pas), près de la côte et largement en tête. Aussi, lorsque les bateaux suiveurs chargés d'observateurs parviennent sur zone, ils proclament aussitôt les trimarans vainqueurs, Mike Birch héros franco-canadien, et le jaune canari couleur de l'année.

Michel Malinovsky, dépité par le dépassement du missile jaune, tente alors une option suicidaire. Il sait que le vent s'absente souvent près de Basse-Terre. Birch s'en éloigne prudemment, lui choisit de s'en rapprocher. Il coupe en plein milieu du piège, il n'a rien d'autre à oser. Mais les brises n'ont pas fini leur jeu et lui donnent la main. Malinovsky prend la tête.

Les suiveurs parviennent à Tête-Noire. Ils acclament cette fois Michel le vainqueur, Français favori de toujours même si l'Américain s'est montré ma foi coriace. Mais ces multicoques si fragiles ont tant de mal à traverser l'Atlantique, et puis le bleu nuit, on adore !

Les deux tribuns, le bleu et le jaune, ankylosés, épuisés par vingt-trois jours de lutte, vont aller jusqu'au bout de leurs forces avant de se faire délivrer par la ligne. Avant que la cause ne soit entendue, les alizés moqueurs useront de toutes les roueries. Avantageant outrageusement le perdant, qui voit s'échapper son titre, puis dénichant un grain de dernière minute pour le lui rendre, ils pousseront joyeux quelques pointes à cinquante nœuds, avec une bascule complète de direction au final.

Combien de fois redistribueront-ils les rôles ? Les bateaux suiveurs ne suivent plus. Qui délaisser, qui acclamer ? Vainqueur, vaincu ? Les vents feront tant et tant que les convictions les plus ancrées vireront de bord dans la tourmente. Monocoques ou multicoques ? La question ne sera tranchée que dans les quatre cents derniers mètres.

« Seule la victoire est jolie », écrira plus tard Malinovsky un peu amer. Depuis, sa défaite passe en boucle tous les quatre ans, mais l'histoire est jolie…

VI

Cinq photos en rafale

Hommage aux anciens élèves de l'école Francis Jammes

Bateau : *Groupe LG*
Type : trimaran 60 pieds open
Lieu : La Baule
Occasion : manquée – crash au départ
Course : La Baule – Dakar
Année : 1991

Photo 1 – Un trimaran vert acidulé se dirige vers une balise, à pleine vitesse. Le sponsor s'affiche verticalement sur le mât. La police de caractères, anguleuse, rappelle un peu le graphisme utilisé sur les péniches de débarquement durant la dernière Guerre mondiale. Chaque lettre s'inscrit dans un carré. Le ciel est chargé, la visibilité parfaite. La base des cumulus prend sur le cliché une teinte gris-bleu assez sombre. À gauche du cadre, une bouée cardinale nord réglementaire. Un flotteur cylindrique jaune surmonté d'une structure métallique noire de trois mètres qui soutient un panneau solaire. Au sommet, les deux triangles noirs donnent un sens à l'ensemble de la construction. Sur le flotteur visible du trimaran, à bâbord, le chiffre 33 qui a dû faire l'objet d'une dérogation du comité de course. Il n'y a jamais eu un si grand nombre de bateaux engagés dans cette course. Le coureur a dû réclamer ce numéro, lui attribuant des vertus bénéfiques qui n'ont pas été démontrées.

Photo 2 – À droite du cadre, une vedette de sauvetage, coque noire, roof rouge ; immobile, elle bouchonne. Au centre, ménageant à gauche de l'image un espace libre, le trimaran à pleine vitesse percute la bouée. Sous le choc, la balise s'incline d'une vingtaine de degrés. L'étrave du flotteur éclate. La côte forme une ligne qui manque d'horizontalité. Le contraste du treillis métallique noir de la bouée sur le kevlar doré du foc permet une lecture aisée de l'image. L'inclinaison de la bouée confirme la puissance du choc. La collision et le déclenchement de l'appareil photographique sont concomitants. Cette exacte simultanéité permet à l'embarcation pourtant stoppée de conserver encore un sillage sur le cliché. Ce sera *la* photo, entourée d'un trait rouge définitif sur les planches contacts.

Photo 3 – Le sillage a disparu. Le flotteur bâbord arraché se dresse vers le ciel. La bouée est verticale. Un concurrent se rapproche par la droite du cadre, un trimaran, coque rouge, numéro 11. À l'horizon, sur la côte, deux immeubles imposants et symétriques distraient l'attention.

Photo 4 – Un hélicoptère survole le naufrage. Ses portes ont été enlevées. On distingue le cameraman, les pieds dans le vide. Le bateau, en se disloquant, pivote à cet instant autour de la bouée cadrée au centre. À gauche, on s'interroge sur une traînée d'embruns encore en l'air, dont l'origine n'apparaît pas. Sur le trimaran, deux bouées de sauvetage rouges, arrimées sur les filières, accrochent le regard. Deux questions compliquent le sens de l'image. D'abord « D'où proviennent ces embruns ? » puis « Pourquoi deux bouées de sauvetage pour une course en solitaire ? »

Photo 5 – Sur cette vue, le multicoque poursuit sa désintégration. Les bras de liaison sont arrachés de la coque centrale. Le mât est couché sur l'eau. Le flotteur bâbord a sombré. Le numéro *33* sur le flotteur tribord retourné devient « EE ». La bouée, victorieuse, a repris sa position verticale de balisage. Le cliché paraît exprimer l'invincibilité de sa position de veille.

Les concurrents des courses transocéaniques n'emboutissent jamais les bouées au départ. Alors, se retrouver cet après-midi-là avec une telle série d'images revient à détenir les preuves irréfutables qu'un de vos amis vient de commettre la bourde de sa vie. En découvrant ces photos, on acquiert la certitude que la carrière de ce coureur prend fin précisément à cet instant.

Sur la table lumineuse, la série a bonne allure. Elle forme une vraie petite séquence, organisée autour de cinq plans. Les circonstances du désastre annoncé sont exposées. Un trimaran fonce vers une bouée balisant un danger. C'est Guignol qui court vers le gendarme. L'envie vous vient de prévenir la victime. Dans ce film, l'émotion naît de la banalité de cette première image. Tout est encore intact, seule cette trajectoire vers la bouée, une abstraction, contient une fatalité.

C'est éclatant, rare, et vendable. Toutefois, assez rapidement, juste après la seconde lecture, l'œil doute. C'est un jeu qu'il affectionne. D'une image à l'autre, le regard fouine, et une interrogation émerge lentement. Pourquoi précisément cette photo, la toute première, avant la bouée, avant l'accident ? Si l'on ignore la suite, pourquoi déclencher à cet instant ? Comme si le photographe suivait un découpage prévu, un scénario convenu. La banalité de l'image la rend suspecte. Elle apporte une touche de prémonition invraisemblable. Existerait-il une connivence entre le naufragé et le témoin ? Sans doute.

On rebondit parfois sur des coups qu'on n'aurait pas envie de faire, mettre un trimaran, un soixante-pieds, dans une bouée quelques minutes après le départ, c'est inconcevable. Maintenant, c'est un fait qui a eu lieu. Il y avait des caméras au-dessus, ça a été une image. Une image extraordinaire malgré tout.

Quand le bateau s'est refermé sur moi, j'ai sauté à l'eau. Déjà, au départ, la situation était mauvaise. Je n'avais pas de brassière, je pataugeais dans l'eau, on était au mois de novembre. Puis j'ai été récupéré in extremis par la vedette SNSM, un peu crevé. J'avais pris un coup au moral. En fait, je pestais fort sur la vedette parce qu'un an auparavant j'avais déjà démâté dans la Route du Rhum, au milieu de l'Atlantique. J'ai craqué un peu, ça faisait beaucoup en un an. Je me suis vidé.

Après le carambolage, il fallait ramener le bateau en morceaux jusqu'au port du Croisic, une distance de cinq ou six milles. Ce n'était pas loin mais c'était long, très long. On a cassé plusieurs fois la remorque, un méchant vent de nord s'était levé, on essayait de ramener tous les morceaux, contre le vent. Au bout de huit heures, on a finalement tout ramené à terre. J'avais cabané vers quinze heures, on est arrivé dans le port vers vingt-deux ou vingt-trois heures.

J'ai le souvenir précis de cette arrivée dans le port du Croisic. J'étais dans la vedette SNSM, on avait tiré les restes du bateau. On a essayé de mettre les quatre ou cinq morceaux du trimaran au mouillage. Les gars de la SNSM m'ont déposé au pied de l'échelle, de coupée. En haut, je l'avais vu de loin, il y avait beaucoup de monde sur le quai malgré l'heure tardive. En haut de l'échelle il y avait Pierre Oppermann, le sponsor. Moi, j'étais en bas de l'échelle à me demander : « Qu'est-ce qui va m'arriver ? C'est terminé pour moi. »

Curieusement, une école est mêlée à cette histoire. Elle était située en 1991 dans un quartier officiellement « difficile », par opposition aux quartiers faciles probablement. Elle a disparu depuis, le bâtiment a été rasé. J'ignore si les urbanistes ont eu conscience de la revanche qu'ils offraient aux cancres en effaçant tous ces tableaux noirs à coups de bulldozers. Dans ce coin excentré de Magny-les-Hameaux, un groupe d'instituteurs avait décidé de faire prendre l'air aux élèves de cours moyen.

Évidemment, faute de budget, c'était virtuel, cette histoire. Pas question d'aller jusqu'à la mer, de toute manière la mer, ils connaissaient déjà. À la télé. Et puis les estivants s'inquiéteraient vraisemblablement qu'ils aillent taguer la plage et profaner le sable jusque sous les balcons de leurs villas. Les élèves suivraient donc les aventures de Bertrand dans la course La Baule – Dakar, à distance. Sur le plan pédagogique, les préliminaires constituaient déjà une réussite. Les enfants se montraient aussi curieux de découvrir la vie des « Blacks » de Dakar que celle des « bourges » de La Baule.

Pour tenter de susciter l'intérêt, le programme prévoyait une série de détournements. Une fois remixées les données de la navigation, des communiqués de presse, de la météo, du classement, il s'agissait d'obtenir des exercices de mathématiques, de français, de géographie plus appétissants qu'à l'ordinaire. Les gamins attendaient de voir. Mais les préparatifs valaient déjà la peine, ce n'est pas tous les jours qu'un type qui passe à la télé venait les voir à l'école. Et puis, après ses passages, il restait toujours quelques autocollants, et même des casquettes parfois.

Après un départ de course reporté pour cause de météo exécrable, je fus mandaté comme reporter par les élèves de l'école Francis Jammes. Il leur fallait des photos du départ, avec si possible, car c'était plus pratique pour les dessins, une bouée. C'est donc pour eux que, depuis une vedette de presse, j'alignai une série de prises de vues de leur poulain ruinant tous ses espoirs sur l'unique bouée avant Dakar.

Je conserve le souvenir précis de cet après-midi sur cette vedette de presse, où comme il se doit les cochonnailles mises à la disposition des participants par les sponsors regardants trouvaient sans détour le chemin de l'océan en d'incontrôlables flots nauséeux. Parmi les rescapés, après l'exploit de Bertrand, les commentaires cruels fusaient. Il était question de manque de professionnalisme, d'irresponsabilité, et de l'exemple éternel d'un sport sérieux : la formule 1. Mais, malgré le confort de notre embarcation, un sentiment dominait tout, l'urgence du retour. Même avec ce splendide naufrage en direct, il semblait préférable d'attendre d'être à terre pour commenter ce drame inconvenant.

Un professionnel, de la presse écrite probablement, me glisse : « Dis donc, tu n'as pas perdu ta journée ! » Il est vrai que ce jour-là, entre les absents et les malades, les photographes étaient plutôt rares.

À l'école, après ce coup d'éclat, les enseignants étaient atterrés, les gamins beaucoup moins. Les déceptions, les faux espoirs, les grosses conneries, ils pataugeaient dedans depuis leur naissance. Alors, ce qui arrivait à leur pote de la télé les rassurait un peu. Leurs commentaires plutôt encourageants offraient de nouvelles chances à Bertrand et dédramatisaient la casse. Ce soir-là, la qualité des analyses et des pronostics de ces gamins, souvent en échec scolaire, dépassait largement celle des professionnels des médias.

Dix mille trucs me passent dans la tête. Il fallait bien monter, c'était à marée basse, une chance, ça laissait un moment pour monter, une belle longueur d'échelle. Ça devait être une grande marée basse, l'ascension m'a semblé pourtant rapide, peut-être un peu trop rapide. Je me suis dit en montant : « C'est terminé pour moi. J'arrête. » J'arrive en haut de l'échelle. Pierre Oppermann me serre la main : « Ça va ? Bon, on ne va pas s'arrêter comme ça. On va faire un nouveau bateau. Tout de suite. » C'est à peu près ce qu'il m'a dit: « On repart sur l'eau tout de suite. » C'est rassurant. Bon, c'est sûr, tu casses un bateau, tu peux te dire que c'est la fin, ta carrière s'arrête. Les accidents sont souvent des conneries, tu casses, tu démâtes, tu rentres dans une bouée, c'est une connerie.

On a discuté, suite à ça, pour trouver les meilleures solutions. Nous étions au mois d'octobre ou novembre, et au mois de janvier nous décidions avec Groupe LG, l'entreprise de Pierre Oppermann, d'acheter un nouveau bateau : celui qui venait de remporter le Vendée Globe.

Pour le coureur, c'est important que le sponsor s'exprime clairement. Après tout, si le sponsor m'avait dit : « Ça suffit, tu as cassé deux bateaux en un an, on arrête là ! », ça aurait été compréhensible, et j'aime autant ça que quelqu'un qui reste flou et indécis. Il faut avoir au-dessus de soi quelqu'un qu'on sent costaud. Même si par la suite ça n'a pas toujours été simple, avec Pierre Oppermann on avait des relations qui étaient franches et au-dessus de tout ça. Au moins, c'était quelqu'un qui gérait et qui a vite compris comment les choses se faisaient dans ce milieu. Il a pris conscience qu'il fallait s'occuper des coureurs. Ce sont eux qui dirigent le bateau.

Le sponsor doit être assez solide pour prendre des décisions presque immédiates. Avec du recul, un type qui, en haut de l'échelle, alors que tu viens de détruire son bateau, te dit : « On retourne naviguer dès le début de l'année prochaine », c'est un moment très important. Après ça tu redémarres avec un optimisme incroyable. C'est pourtant juste quelques mots. C'est important qu'il y ait des gens qui mènent la barque et qui soient résistants. Tu finis ta journée à minuit, tu as honte de ce que tu as fait, c'est un échec total, une grosse casse de bateau, et pourtant, parce qu'il y a eu ces quelques mots, c'est un formidable souvenir.

Assailli de scrupules, je doute sérieusement. Faut-il publier les preuves d'une telle bévue ? De plus, en scrutant méticuleusement chacune de mes images, je crois découvrir une ombre. On devine une silhouette, troublante et imprécise, sur le quatrième cliché. Comme si, juste avant l'accident, le skipper s'accoudait nonchalamment sur le roof. Ce n'est pas net à première vue, mais doucement l'œil se forge une conviction. Oui, l'homme paraît paisiblement appuyé sur le roof. Peut-être même regarde-t-il l'hélicoptère qui le survole.

De l'autre côté du bateau, occultée pour lui par la grand-voile, il y a la bouée, la collision, le drame dans une fraction de seconde. Un simple changement dans l'ordre des images et le scénario pourrait basculer : un jeune skipper inconséquent, au départ d'une grande course, frime pour le cameraman d'un hélicoptère. Trop occupé à soigner son look, il dirige son bateau droit sur la bouée qui va le fracasser.

Seuls les numéros de la pellicule garantissent la chronologie. Cette ombre n'est pas un mirage, c'est Bertrand qui bondit pour comprendre d'où vient le choc. La pellicule restitue une ambiance faussement sereine là où règnent la stupeur et l'incrédulité. Parmi ces milliers d'instants qui forment une seconde, celui-ci est incohérent. L'instantané nous abuse.

À force de mauvaise conscience, je choisis une option mitigée. Je consulte Bertrand avant d'envoyer ces photos à l'agence, quitte à perdre une journée. Après réflexion, ni le sponsor ni le skipper ne s'opposent à leur publication, même si leur prestige en prend un coup.

Mais le temps a passé. La course devait partir le dimanche, le départ a été reporté deux fois. Si on y ajoute le temps du sauvetage et celui des doutes, il sera trop tard quand ces photos diffusées par l'agence Gamma parviendront dans les rédactions. La série, unique et exclusive, n'est plus vraiment d'actualité et ne sera que confidentiellement publiée.

D'autant qu'un ouragan médiatique inattendu règle définitivement le sort de mon modeste scoop. Ce jour-là, 9 novembre 1991, les rédacteurs en chef épluchent fiévreusement leurs archives : Yves Montand est mort.

VII

Langue de bois

Bateau : *Groupe LG*
Type : monocoque 60 pieds
Lieu : océan Indien
Occasion : autochirurgie
Course : Vendée Globe
Année : 1993

Quand tu pars pour la première fois dans une course pareille, qu'est-ce que tu connais ? Pas grand-chose. Je n'avais déjà pas une grosse expérience du solitaire, oui, j'avais fait le Figaro, l'Ostar. La Twostar qui s'approche du solitaire tant les relations sont restreintes. J'avais trente-deux ans. Tu pars simplement avec ce que tu as pu lire, ce qu'on a pu te dire, et puis ce que tu as vu des images de courses autour du monde. Un film avait été réalisé durant le premier Vendée Globe. Philippe Poupon s'était retourné pendant la première édition.

Tu sais que ces endroits sont redoutés. Il y a eu une première course, apportant la preuve que c'est possible. Il existe un temps de référence, le premier a mis cent neuf jours. J'avais le même bateau que le vainqueur, c'était simple de déduire quel temps je passerais sur l'eau. Mais aussi quels ennuis m'attendaient : l'électronique, les charges de batterie, dans ces domaines techniques on pouvait aussi se faire une idée assez précise.

Ce que j'ignorais, c'est le rythme. La course avait démarré difficilement. Plus de la moitié des concurrents étaient rentrés au port, assez rapidement. Parlier avait démâté, la coque du bateau de Loïck Peyron se délaminait, Philippe Poupon était rentré, VDH et Malingri aussi. Je me suis très vite retrouvé au large de Madère. Nous avions eu cinquante nœuds dans le golfe de Gascogne, mais, sur ces monocoques, ça restait très maniable. On est parti avec une dépression, une seule, suroît bâbord amure, noroît tribord amure, on a passé le golfe de Gascogne sur deux bords au près. Et puis on est rentré dans un anticyclone au large du Portugal, qui s'étendait de la Casamance à Casablanca.

Alain Gautier n'était pas loin. Il a choisi de passer au portant, moi au près. Lui s'est tanqué dans la pétole alors que j'avançais régulièrement à huit ou neuf nœuds. J'ai dépassé les Canaries en tête avec une dizaine d'heures d'avance sur lui, ça n'était pas si mal que ça. De plus, nous avions énormément d'avance sur le reste de la flotte. Alain avait un bateau neuf, un plan Finot adapté pour cette course. On a continué la course assez paisiblement. Je voulais garder la tête de la course au moins jusqu'à l'équateur. J'imaginais qu'il me passerait dessus en attaquant les alizés du sud-est, son bateau était plus rapide. J'ai fait un passage du pot au noir pratiquement sans le voir. Il m'a dépassé à l'équateur.

Je n'étais pas du tout parti pour faire un premier tour du monde en tête. Au vu de la flotte, je pouvais espérer me classer dans les cinq ou sixième. Les concurrents les plus dangereux étaient Philippe Poupon qui était rentré et reparti, il avait huit cents milles de retard, VDH et Yves Parlier qui était rentré lui aussi après son démâtage. Nous avions une sérieuse avance sur le reste de la flotte. Le rythme n'était pas endiablé, c'était vraiment sympa de se retrouver leader pendant trois semaines de course. Médiatiquement, c'était un bon début de course pour le sponsor. Il s'agissait d'attaquer les quarantièmes, les cinquantièmes à suivre, le sud de l'Afrique.

Une première dépression sévère m'attendait, très dure à prendre, puis l'océan Indien aux vents curieusement très stables, un flux puissant d'ouest et de sud-ouest, dans des ciels de traîne. Beaucoup de ciel bleu et un vent de trente, trente-cinq nœuds. À ces allures-là, ça devient difficile avec un bateau instable au portant. En fait, dès l'entrée dans le sud c'est devenu l'enfer. Au portant, le bateau se baladait énormément. J'ai souffert, jusqu'à cet accident du 9 janvier 1993, après soixante-sept jours de mer.

À cette époque, les moyens de communication étaient pratiquement inexistants. Il y avait le télex, qui permettait d'envoyer par satellite des messages écrits depuis un ordinateur. Ça fonctionnait parfaitement bien et l'essentiel des communications passait par ce système. On téléphonait beaucoup moins qu'aujourd'hui, parce qu'on passait par Saint-Lys radio. Quand on voulait une info, on écrivait, on envoyait un télex. On avait l'impression d'être bien plus loin qu'aujourd'hui. Maintenant tu prends ton téléphone, tu fais ton numéro et tu es à la maison, que tu sois dans le sud, dans l'Antarctique, n'importe où.

Il fallait le mériter, à cette époque, le coup de téléphone. Il fallait passer par Saint-Lys, qui t'annonçait ta position de sixième dans la file d'attente. Quand tu arrivais en quatrième place, une manœuvre urgente t'attendait sur le pont, il fallait prendre un ris, à ton retour, ta position était perdue, il fallait reprendre l'attente à zéro, en passant sur une autre fréquence… Le téléphone, ça se méritait ! Si tu avais un problème technique de moteur ou de mécanique, tu devais préciser par écrit tout ce qui arrivait, ou alors il fallait attendre Saint-Lys en espérant un moment moins fréquenté dans la journée.

Le sud a été sévère. J'ai cassé plusieurs tangons au portant dans la brise. C'était une tout autre façon de naviguer qu'aujourd'hui. Les bateaux étaient plus lourds, les mâts plus courts, on naviguait sous génois tangonné. Maintenant, on tire des bords à cent cinquante degrés du vent sous gennaker. À cette époque, on essayait d'aller le plus droit possible parce que les bateaux n'allaient guère plus vite en lofant. On faisait la route la plus directe. C'était une course passionnante. J'avais tout le monde derrière. J'ai été ensuite second pendant très longtemps. J'essayais de ne pas me faire distancer. À la hauteur des Kerguelen, j'avais un peu plus de cent quatre-vingts milles de retard sur Gautier, une demi-journée.

En fait, dans une course pareille, quand tu es devant, tu communiques mais tu sais que tu es parti pour longtemps. Aujourd'hui, ce qui a pris le pas en quelques années, c'est l'obligation de communiquer à bloc, téléphoner, téléphoner et encore téléphoner. Durant ces années-là, personne ne nous demandait d'appeler, chacun savait que ce n'était vraiment pas simple. On communique différemment aujourd'hui, tout le monde veut l'information en temps réel. Dans les années quatre-vingt-dix, ce n'est pourtant pas si ancien, il fallait écrire, décrire ce qu'on voyait. Moi, j'avais un article à écrire chaque semaine pour le Télégramme de Brest*, tous les lundis. Chaque semaine une vingtaine de lignes sur ce que je voyais, ce que je ressentais, seul sur le bateau.*

Aujourd'hui, quand on a besoin de parler au concurrent, on fait le numéro. Récemment, l'Iridium, système mondial de téléphonie par satellite, est devenu obligatoire. Avec l'Iridium dans un étui étanche ou dans un container de survie, on chavire, on le prend, on va dehors, on appelle sa maman « Ça va ? Moi, ça va. Je suis appuyé contre la dérive, le bateau a changé de sens ! » C'est fou, mais ça ne me gêne pas.

À l'arrivée de la Route du Rhum 2002, j'ai vu Ellen MacArthur qui faisait presque un studio, elle passait de l'avant à l'intérieur du bateau, avec un commentaire en continu depuis l'Iridium. C'était, je crois, le matin de l'arrivée. En direct, elle passait d'un endroit du bateau à un autre, des plans étaient insérés pendant ses déplacements et son commentaire continuait sans interruption. Ce sont des évolutions rapides dans ce milieu. Je ne pense pas que ça apporte grand-chose.

Cette part de communication aujourd'hui, c'est devenu un métier en soi. Si tu n'es pas capable de répondre aux questions, et surtout d'anticiper les questions, tu es mort. Aujourd'hui le Vendée Globe dure quatre-vingt-dix jours, c'est relativement long, on a encore le temps d'interviewer le coureur, c'est devenu très rare. Dans la Route du Rhum, c'est impossible, trop court. Si tu as chaviré, ton discours doit être prêt. Il faudrait pratiquement avoir des interventions prévues dans des pochettes plastiques. La pochette « chavirage », la pochette « démâtage », la pochette « arrêt – buffet » à portée de main, tu choisirais en fonction des médias, langage jeune pour telle chaîne, financier pour un journal économique, rassurant pour un journal pour enfants.

On n'en est pas très loin, ces pratiques se verront bientôt, c'est probable. Il y aura de beaux classeurs dans nos bateaux, comme nous en avons pour les réparations mécaniques ou électroniques. Il y aura le dossier « Comment répondre en cas d'avarie ? » En plus, ça va vite : si tu donnes ton numéro à Pierre, Paul ou Jacques, ton bateau ressemble vite à un bureau.

9 janvier 1993, après soixante-sept jours de mer, j'avais un seul bateau pas très loin devant moi, et je voulais rester dans la course. En termes de sécurité, Philippe Poupon était bien revenu derrière moi, à cause d'une pétole dans laquelle nous avions été nous coller, Alain et moi, pendant plus de trente heures. VDH *aussi était bien remonté. J'avais donc deux concurrents aux trousses, je cherchais plutôt à aller vite. Le bateau restait relativement stable lorsqu'il n'allait pas trop vite, mais quand j'essayais de tenir Alain Gautier, j'avais du mal à ne pas décrocher. Dans l'océan Indien, j'ai perdu une journée, à peine plus, ça n'était pas dramatique.*

Au passage des Kerguelen, le comité de course nous a signalé l'arrivée d'une grosse dépression. Quarante-huit heures d'une mer vraiment très forte. On dit parfois une mer « totale ». La mer se lève très fort dans ces parages-là, il y avait du vent mais rien d'affolant, cinquante ou soixante nœuds. J'avais gardé un petit peu de toile pour éviter de me faire embarquer. J'ai encore aujourd'hui le souvenir de cet instant. C'était en fin de journée. Comme un surfeur en haut d'une vague démentielle, je me suis dit : « Cette fois c'est la fin. Je vais me foutre en l'air », persuadé que le bateau allait disparaître dans la vague. Elle était vraiment monstrueuse. J'étais devant la table à cartes, sous la bulle et je voyais ce trou inouï.

J'ai imaginé que le bateau allait partir comme une planche de surf. Et le bateau est parti, comme une planche de surf, à une vitesse effrayante, tout vibrait à l'intérieur. En bas, le bateau a ralenti, puis il s'est aplati sur la mer. J'ai eu de la chance qu'il n'y ait pas une seconde vague pour finir de rouler le bateau. Un miracle… J'ai bien vu tout ça. C'était en fin de journée sous une étroite portion de ciel bleu, un vrai ciel de baston, un vent de nord, j'étais bâbord amure. Un début de dépression.

En bas de la vague, le bateau et la voile couchés sur l'eau, l'écoute de grand-voile a pris du mou et avec le choc est venue se loger dans le winch de piano, juste à la sortie du cockpit. J'ai sorti la tête. En fait, j'ai d'abord pris un moment pour voir si on en restait là. J'ai sorti la tête et, à cet instant, le bateau s'est redressé. Avec la force du vent, la bôme est repartie à sa place, l'écoute de grand-voile s'est brusquement retendue juste devant moi et m'a fouetté violemment sous le menton et sous l'œil.

J'étais encore suffisamment conscient. J'ai pris un chiffon. Je pissais le sang, j'arrosais tout. J'étais inquiet. Je suis rentré dans le bateau quelques secondes, je voulais faire un peu le bilan. « Bon, la langue va bien, enfin, elle est coupée et ça saigne beaucoup mais ça va. » L'œil m'inquiétait, je ne voyais plus rien de l'œil gauche. J'ai aussitôt pris un bouquin, je voulais savoir si mon œil voyait encore quelque chose. C'était un peu flou, mais je me suis dit « C'est le choc, ça va revenir. »

J'ai remis le bateau en route. J'ai affalé mon foc, lofé un peu et puis j'ai laissé le bateau en route. Puis j'ai aussitôt envoyé un télex à l'équipe du bateau à terre en demandant que Jean-Yves Chauve, le médecin qui suivait la course, soit prévenu. Ils ont pu lui expliquer que je m'étais coupé la langue sur plusieurs centimètres, que je saignais abondamment, que j'étais un peu dans le gaz, fatigué.

Ensuite, Jean-Yves Chauve m'a envoyé un télex me demandant de préciser ce qui m'était arrivé. J'avais enroulé ma langue dans un chiffon, l'intérieur du bateau était éclaboussé de sang, c'était une horreur. J'avais mis un bandeau sur mon œil pour le protéger du sel. J'avais le goût du sang dans la bouche. Où que je me tourne, tout était rouge, jusque dans le cockpit c'était le rayon boucherie – charcuterie !

On n'a jamais communiqué par téléphone avec le docteur Chauve, uniquement par télex. Je lui ai donc donné par écrit les précisions qu'il demandait. C'est probablement pour ça que je me suis recousu la langue seul. Par téléphone, on aurait eu l'un et l'autre plus d'hésitations. Aujourd'hui on enverrait une photo par Internet, le médecin la recevrait en temps réel et jugerait de la nécessité de recoudre ou non.

Pour que ma langue cicatrise le plus vite possible il fallait recoudre, et c'est ce que j'ai fait. Malgré tous les conseils, on est seul à décider de le faire ou non. À cinq jours de l'Australie, j'aurais pu en rester là. En fait, au bout d'une heure, ça ne saignait plus et c'était comme collé. Je me suis anesthésié avant la suture, mais là, quand j'ai commencé à percer dans la langue, il a fallu que je mette des serviettes partout dans le carré pour absorber le sang qui s'écoulait. Lorsque l'aiguille pénétrait dans la chair, à chaque point jaillissait comme un petit jet. J'ai fait deux ou trois anesthésies de plus avec un produit que j'appliquais sur la langue avec du coton. J'avais une sale tête. En un peu moins d'une heure, j'avais terminé les deux ou trois points de suture. J'ai envoyé un nouveau télex: « Incroyable, c'est fait, je n'en reviens pas moi-même ! » Ensuite Jean-Yves Chauve m'a renvoyé une ordonnance; nous avions une bonne trousse à pharmacie, il y avait de quoi me retaper.

Ensuite j'ai nettoyé le bateau, la table à cartes. J'ai rangé la pharmacie, en trois heures tout était fini. En fait, j'ai eu de la chance, cette grosse tempête était plutôt sur sa fin, le lendemain matin la mer s'était bien calmée. Deux ou trois jours de convalescence à dix nœuds de moyenne sans trop tirer sur le bateau ont suivi, mais je ne tenais pas à trop perdre. Je n'avais absolument pas conscience du retentissement à terre de cette histoire. Je n'ai d'ailleurs pas filmé le jour même. J'aurais dû, probablement.

Si un jour vous êtes le témoin d'un événement susceptible de chambouler le destin de notre planète, gardez présent à l'esprit en le photographiant qu'un cadrage vertical s'impose. Act-up le savait en glissant un préservatif géant sur l'obélisque de la place de la Concorde. Impossible de faire une couv' (couverture) de magazine sans un cadrage vertical, de préférence aéré. Dans le cas d'un portrait, le sujet pourrait-il adopter ce regard suggérant une attitude de supplique vers l'emplacement du futur titre ? Ce serait l'idéal : le rédacteur en chef est un homme qui apprécie qu'une destinée semble dépendre de lui.

Pour avoir négligé cette loi universelle de mise en page, Bertrand s'est retrouvé quelques semaines après cette première d'autochirurgie avec deux « doubles » (doubles pages), cadrées horizontalement en couleurs dans un hebdomadaire de poids. Mais de couv', point. Enfin, ce n'était pas si mal, malgré ce manque de professionnalisme et en l'absence des fameuses fiches étanches sur le marketing voileux.

Deux « doubles » : l'équilibre est respecté. Une photo choc pour la première, un récit de poids pour la seconde. Et pour pimenter cette recette traditionnelle, une coquille savoureuse : une secrétaire novice tape le texte de cette aventure sanglante, mais au milieu de ce récit barbare, la voilà qui bute sur un terme technique. Dans son impatience, elle hésite et, présumant qu'il s'agit probablement d'une confusion sur deux lettres, elle transforme « tangon » en « tendon » et en rajoute dans le carnage : « – Bertrand de Broc : J'avais perdu un tendon, tous les bouts étaient passés par-dessus bord. Le bateau dérivait. » Dans les cinquantièmes hurlants, récupérer tous ces bouts de tendon ne méritait-il pas la couv' ?

Dans le périmètre de diffusion de ce célèbre hebdomadaire, et durant une période qui s'étend bien au-delà de la semaine de parution du mois de février, combien de parents ont fréquenté les cabinets de dentistes ? Ces drames représentent un des méfaits les plus méconnus du sponsoring.

Imaginez donc ces mères (ces pères plus rarement), dans les salles d'attente de tout le pays. Machinalement, l'enfant, blotti au creux de l'épaule parentale tourne les pages. Ses yeux manquent de concentration, ce sont ses oreilles surtout qui travaillent. À fréquence régulière, la porte qui s'ouvre sur de nouveaux clients laisse échapper une sorte de déglutissement pneumatique, et surtout ce sifflement inquiétant. Alors, la maman rassure : « Ça ne fait pas mal.

– Et le sifflement ?

– Non, non, juste une brosse électrique. »

Encore quelques pages avant le drame. La mère, pour le distraire, a pris dans la pile une revue. Au mur, l'image d'un voilier garantit ce sentiment de liberté et de sécurité que tant de publicistes ont vendu à tant de financeurs. L'enfant tourne les pages. Encore deux et il fondra en larmes, horrifié.

Sur une double page, Bertrand, tuméfié, tire la langue. Les points de suture sont d'un piqué idéal. Le rédac'chef est comblé. Mais c'est un ouvrage proche du ficelage de boucher. Est-ce pour autant une preuve d'amateurisme ? Les références en la matière manquent. Même s'il n'est qu'évoqué sur le cliché, par quelques traces, le sang est partout présent. Certaines photos produisent cet effet : l'impression d'avoir été prise au travers d'une vitre. La sensation de prendre la place du miroir se trouve renforcée. D'ailleurs, Bertrand regarde l'objectif sans expression particulière, il témoigne sans emphase. Nous frissonnons de ce qui nous est suggéré.

Fasciné par la double page, l'enfant pleure. La porte s'ouvre.

Et puis quand tu fais une chose pareille en mer, tu ne penses pas aux retombées. Surtout dans le Sud il n'y a aucun moyen de communication, ni webcam, ni téléphone par satellite, rien. L'attachée de presse du bateau m'envoyait des télex à bloc pour que je communique. Le lendemain, j'avais Philippe Jeantot, l'organisateur de la course, au téléphone. J'avais du mal à parler, mais je n'imaginais pas qu'on enregistrait quelque chose pour la télévision.

Il m'a demandé de raconter brièvement ce qui m'était arrivé. C'était inutile d'en dire des tonnes, plus c'est dramatique, plus c'est court, meilleur c'est, j'étais prévenu. Moi, je me sentais responsable d'une connerie, j'aurais dû être plus vigilant, regarder devant moi en sortant. Quand on a un accident sur un bateau, on aurait pu l'éviter. Aujourd'hui à la limite, je me dirais : « Tiens, le bateau est couché, il va falloir faire gaffe à l'écoute de grand-voile ». Je ne voulais pas me vanter de ça, dire : « Vous savez, j'ai pris un boute dans la tête et je me suis coupé la langue ». Sur le coup je n'ai pas raconté d'histoires, j'aurais préféré me taire.

Mais j'ai expliqué : la survitesse, la planche de surf, la mer énorme, le bateau à plat, le télex avec Chauve, la réponse du docteur, la langue recousue, et voilà c'est terminé. J'ai parlé pendant dix minutes et ça a suffi. En France, à partir de cette unique vacation, ce sont les gens qui ont raconté mon histoire. Pour moi, l'opération a duré moins de trois heures. En France, on en a parlé plus de trois jours. Avec des aiguilles, on faisait des simulations sur les plateaux de télévision, du genre « Essayez vous-même ».

Bien sûr, j'ai reçu des nouvelles de France, puis j'ai eu Isabelle au téléphone. Elle me disait : « Ton histoire c'est de la folie, tout le monde en parle, c'est énorme ». C'est énorme pour qui veut bien le raconter. Ce n'est pas moi qui ai raconté cette histoire, je n'avais rapporté que ce qui m'était arrivé. J'ai évité le pire drame de ma carrière, j'en ai connu d'autres après, mais celui-là compte. Pourtant, lorsqu'on me pose la question de l'épreuve la plus dure que j'ai vécue en mer, ce n'est pas ça. Ça a été rapide, et presque drôle à la limite, tout s'est bien terminé.

Les quinze jours qui ont suivi, j'avais l'impression d'être au paradis, avec ce sentiment d'être passé au ras de la catastrophe. J'avais fait une connerie, j'avais payé, il suffisait de continuer prudemment. Je naviguais un petit peu en dessous, en accélérant quand même, je toilais le bateau différemment. Si le bateau pouvait rouler à quatre-vingt-dix à l'heure, je roulais à quatre-vingts. Et puis j'ai réappris à vivre sur le bateau, manger, bouquiner, dormir. La météo était plus clémente. En fait, le sud peut être très agréable, sous pilote, à la vitesse max du bateau quand il glisse bien.

Au Globe, à cette époque, on pouvait encore prendre un peu de temps. Aujourd'hui, avec des MacArthur, tu n'as plus une minute de répit, dès que tu as deux heures de sommeil possible, tu dois en prendre une pour écrire le bouquin. J'avais emporté, je ne sais pas trop pourquoi, un miroir de toilette. Depuis j'en ai toujours un à bord.

VIII

Partir de rien, y revenir à peine

Première partie

Coup de mou

Bateau : *Votre Nom autour du Monde*
Type : 60 pieds
Lieu : extrême sud du continent américain
Occasion : abandons et tentations
Course : Vendée Globe
Année : 1996

Un beau matin dans le Pacifique Sud, je me suis rendu compte, à peu près à la hauteur de la Nouvelle-Zélande, que mon bateau avait ramolli. Les techniciens auraient voulu des précisions, mais, par radio, je ne parvenais pas à expliquer précisément cette sensation. Je marchais comme sur une moquette épaisse. Au-dessous, tout bougeait. Le bateau devenait flasque. Devant tant de souplesse au fond du bateau, la seule hypothèse acceptable venait de la quille. Les boulons de fixation à la coque se desserraient peut-être. Le fond du bateau devenait élastique. Les boulons, sollicités à chaque vague, avaient dû s'allonger comme un fil de fer tordu et sans cesse redressé. Donc, j'avais un problème sérieux dans le sud de la Nouvelle-Zélande.

Quatre ans plus tard, à quelques heures près et dans les mêmes parages, je me retrouvais creusant à nouveau mes impressions. J'étais troublé par ce destin qui me faisait m'interroger sur mes possibilités de poursuivre la course à l'endroit même où j'avais décidé, quatre ans plus tôt, de la quitter. Quelque chose se passait sous mes pieds, une mauvaise sensation. Je n'avais aucune envie de m'arrêter en Nouvelle-Zélande tous les quatre ans comme un pèlerin. Non, mon objectif était de faire, quoi qu'il arrive, tout le sud d'affilée. Alors j'ai franchi tout le Pacifique en me disant : « Ça tient ! » Chaque matin, chaque soir, « Ça tient ! » À chaque instant la question revenait, avec pour seule réponse : « Bon, ça tient ! ». Suivant mon humeur, j'ajoutais parfois « pour l'instant… » Et ça a tenu jusqu'à Ushuaia. En allant jusqu'au cap Horn, je me donnais la possibilité d'envisager de continuer.

Quelques jours avant le cap, le vit-de-mulet s'est cassé. Je pouvais enfin réparer quelque chose. Il fallait brider la vitesse du bateau pendant les travaux. Deux génois tangonnés, la houle dans le cul, grand-voile affalée et pourtant j'allais presque aussi vite en réparant. Je me suis mis à la « strat ». J'ai même retaillé un nouveau vit-de-mulet, qui d'ailleurs a bien tenu. La stabilité de ce bateau était très appréciable. Dans une configuration de vitesse moyenne, je pouvais aller travailler sur les réparations pendant de longs moments sans danger, c'était un grand plaisir. Je me souviens m'être octroyé une journée entière à nettoyer et ranger les caisses à outils. Il fallait réparer le bateau comme s'il était en chantier, et en plus le faire avancer vite. Mais, en approchant du Horn, j'ai prévenu tout le monde que le ramollissement s'aggra-

vait. Il fallait sortir le bateau de l'eau pour comprendre. Je devais abandonner la course.

Aujourd'hui on essaie de ne plus trop bricoler en course, la machine doit fonctionner sans défaut durant cent jours et cent nuits. L'essentiel du temps, maintenant, doit être consacré aux réglages des voiles et à la barre. Bien sûr il faut contrôler l'accastillage, l'usure des voiles, mais la bidouille n'est plus appréciée. C'est une autre course. Le Vendée Globe tolère de moins en moins la perte de temps pour la bricole.

J'étais un peu au nord. Marc Thiercelin, par mon travers arrière, n'était plus bien loin. Il passera le cap Horn deux heures après moi. Depuis quelques jours déjà, j'ai pris la décision de m'arrêter à Ushuaia. Dans le sud, on navigue surtout au portant, et la quille travaille beaucoup moins qu'au près. Mais plus tard en remontant l'Atlantique Sud, je savais que les conditions seraient rudes jusqu'aux alizés. Puis arriverait l'Atlantique Nord au près cette fois, face aux alizés. Il fallait vérifier la quille, s'arrêter pour savoir ce qui se tramait au-dessous. J'ai passé le cap Horn en fin d'après-midi puis je me suis enfoncé dans les cailloux pour rejoindre le canal Beagle.

L'aventure *Votre Nom autour du Monde* avait débuté à l'automne 1995, par un très gros souci. Cinq millions. Bertrand devait dénicher cinq millions de francs, au plus vite. Sept cent cinquante mille euros, rien de moins, de toute urgence. Pour honorer une ancienne promesse, il lui fallait disposer de cette fortune au plus tôt. L'épisode du soixante pieds Votre Nom autour du Monde commençait dans la fièvre.

En voyant arriver Bertrand à Paris, j'ai senti le sérieux de l'urgence. Les raisons d'aller s'enfourner dans une cité à ce point antimaritime doivent être impératives. Les rares fois où le sel fond ici sur les quais, c'est pour chasser la neige de la voie express. En dehors des cérémonies de décembre et des obligations du Salon nautique, Bertrand vient à Paris en puni. Son approche, suivant le niveau des finances, se fait parfois par Orly, mais le plus souvent le choix se limite à l'option Montparnasse. C'était le cas. Il s'agissait donc d'une crise à tendance économique.

Montparnasse. Depuis que les voitures attendent les trains, les gares dévorées par les parkings ont perdu en magnificence. Pour donner à ce bâtiment une allure de gare, on lui a flanqué une rue du « Départ », une autre de l'« Arrivée », mais aucune du « Retour ». L'hospitalité a ses limites. C'est à croire que Paris craint une attaque de trains bretons, pour avoir bâti face aux rails une tour pareille : Montparnasse, un butoir de deux cents mètres de haut. On ne passe pas. Allez savoir, un train de navigateurs bigoudens enragés pourrait bien un jour parvenir jusqu'aux publicistes du cœur de la capitale…

Enfin, pour cette fois, le rempart a tenu. Bertrand et son train ont respecté la limite. Sur ces quais de l'Ouest, il flotte toujours un brin d'iode, des traces de sable. Toutefois, pas trop d'illusions, les trains-couchettes pour Brest ont disparu, les crêperies aussi. Mais des grandes lignes débarquent encore des gens de mer : un jeune blond délavé, mécano de la « Marchande », un aspirant de la « Royale », un moniteur de voile bronzé à point…

C'est une gare où toute la foule n'est pas en route pour sa pointeuse, sa zone d'activité sous contrôle. Quelques marins débarquent encore pour colorer les cent derniers mètres avant la ville. Et puis, probablement parce que les Bretons n'ont jamais accepté la moindre portion d'autoroute à péage, on leur colle en pénitence un tapis roulant d'une longueur exaspérante. Ils ondulent lentement dessus pendant que les premiers néons les passent au bleu pâle, on les mène au métro, à la vraie ville.

Bertrand a depuis toujours renoncé aux allures de cadre déterminé, mais il garde de son adolescence et de l'internat des convictions particulières sur la manière de se présenter. Son aspect vestimentaire relève d'un surprenant mélange de propre et de froissé et n'appartient à aucune catégorie conventionnelle. Aussi arrive-t-il à Montparnasse dans une gare frontalière et, au-delà de la tour, il est toujours un peu en décalage. Mais c'est pratiquement sans importance dans Paris où l'indifférence sert de standard relationnel.

Sitôt exposées ses ambitions financières, nous avons plongé dans une franche rigolade. Comparée à nos moyens, la démesure du chiffre ne nous aidait pas à sortir de notre hilarité gamine. Plus on riait, plus le défi devenait irrésistible. Bertrand était prêt à une modeste concession: « Allez, quatre millions… Mais cinq seraient plus raisonnables ! »

Puisque la définition de la taille de l'enveloppe budgétaire semblait finalisée, je me suis permis une question sur les mobiles de cette dispendieuse aventure. Nouvelle rasade de rire, et réponse. Il s'agissait d'engager un bateau dans la prochaine édition du Vendée Globe Challenge. Le départ était prévu pour le 3 novembre, treize heures. Ultimatum précis et drôle tant il était court.

Quant à la promesse, elle remontait à sa première participation dans cette course autour du monde, alors qu'il avait été contraint à l'abandon en Nouvelle-Zélande. Le souvenir de cette aussière, de cette remorque envoyée devant le port de Dunedin et qui scellait son abandon, lui restait en travers de la gorge. Il s'était juré d'y revenir, et ce petit goût de revanche semblait assez prometteur.

Ce serment sans témoin était devenu irrévocable. Il faut croire que les engagements pris par un coureur en pleine solitude sont tout aussi coriaces, peut-être même plus, que ceux qui ponctuent les déclarations publiques. Pour Bertrand, il était grand temps de trouver un bateau, et donc ces cinq millions.

Alors que l'idée qui nous apporterait cette fortune restait insaisissable, ses contours se précisaient au fil de la discussion. Nous étions très optimistes à son égard, mais particulièrement exigeants. Elle devrait comporter une part de provocation, voire un soupçon de folie. Nous exigions qu'elle nous passionne, qu'elle nous amuse. Elle ne devrait manquer ni d'élégance ni de fantaisie. Assez réaliste pour convaincre, assez utopique pour plaire. Le cahier des charges s'allongeait à chaque instant.

Une idée qui rende jaloux, mais fasse sourire. Elle devrait parvenir de zéro à cinq millions de francs en moins d'un an, séduire tout en puissance. Économique et généreuse, elle devrait tenir la route au moins jusqu'aux Sables-d'Olonne. Fidèle comme un diesel, elle ne manquerait pas de restituer à la batterie l'énergie offerte au démarrage. On s'égarait dans les divagations. Avant même sa naissance, elle devait posséder tant de qualités qu'à moins d'être des princes du marketing, nous avions peu de chances de croiser la diva. Notre hilarité permanente ne favorisait pas la production. Nous aurions bien aimé avoir ne serait-ce qu'un éclair de génie créatif, mais voilà, ça ne venait pas.

Nous étions pourtant persuadés, contre toute vraisemblance, de pouvoir réunir ce budget. Notre propre aplomb nous réjouissait. Le temps des héroïsmes viendrait bien assez tôt, loin au large, et sans fous rires. Pour le moment, personne ne nous empêchait d'exorciser nos inquiétudes en riant de nos divagations.

Puis, discrète, elle est arrivée. Elle venait au rendez-vous, inespérée. Seulement, au premier contact, elle nous a semblé plutôt fade. Une idée de cet acabit n'irait pas loin. Et puis elle arrivait si maigrichonne, si fragile, elle n'avait rien de celle qu'on espérait. Pourtant en l'écoutant attentivement, elle paraissait émettre de temps à autre une brève rengaine, un petit refrain attachant, mais si faible que nous doutions de sa capacité à mobiliser les foules.

Mais compte tenu de notre modeste créativité et de nos délais, il fallut l'adopter : c'était ça ou rien. Le casting ne pouvait plus s'éterniser, nous devions entamer la phase de réalisation. C'était plus coton, mais Bertrand se retrouvait en terre familière. Il fallait former une équipe de réalisateurs, il s'en chargeait et repartait vers les Bigoudens.

Trois jours plus tard, il était de retour. Paris. Le train cette fois encore a respecté l'arrêt, sans se laisser gagner par notre euphorie. Bertrand rapportait des bords de mer un mystérieux colis, allure kraft et ficelle. Il donnait l'impression de revenir du marché, fier de sa trouvaille. La petite ritournelle que nous avions décelée devenait perceptible. En se solidifiant, notre projet restait suffisamment extravagant pour nous plaire.

Le paquet contenait trois chemises, taille XL, couleur rouille, une poche de poitrine, col boutonné. Trois chemises de bonne facture mais d'un prix raisonnable, qui marquaient les débuts publics de notre concept, en étalant au-dessus de leur poche, brodés de fil blanc, les mots : « VOTRE NOM AUTOUR DU MONDE ».

J'ai navigué longtemps à la voile, pour remonter du canal Beagle. Votre Nom autour du Monde *n'avait pas de moteur qui me permette de rejoindre Ushuaia. Ces moments étaient surprenants, j'ai vu arriver une masse sombre, qui m'a contourné : l'équipage du* Valala, *un monocoque de vingt-cinq mètres, m'a pris en remorque dans la nuit, dans une partie assez large du canal. Ils m'ont lancé une amarre, je les ai entraperçus un instant, puis ils m'ont tracté.*

J'avais envie de parler, notre conversation à la radio VHF a duré plusieurs heures. Pascal Boimard, le skipper, avait couru avec Isabelle Autissier New York – San Francisco. Nous parlions de tout, de la course, de la météo locale, des travaux à faire sur mon bateau. Il faisait frais, depuis la bulle je suivais les lueurs de mon remorqueur. La conversation me tenait éveillé. Je n'avais pas dormi depuis un bon moment, et par instants je m'effondrais. Bloqué sur son cap sous pilote automatique, le bateau s'engageait alors vers la côte, le Valala *m'appelait en hurlant dans le combiné de la radio, puis nous reprenions la conversation.*

L'aussière de remorquage devait faire cinquante mètres de long. En arrivant à Punta Arenas, le Valala *a mouillé et ils sont venus me chercher avec un Zodiac. J'ai laissé mon bateau seul, encore en remorque, dans la baie. J'avais une curieuse impression. Je n'avais vu personne depuis plus de quatre-vingts jours, et j'arrivais là.*

Ce n'était ni la ligne d'arrivée, ni aucun lieu convenu, c'était juste là, un endroit sans cérémonial. Il faut si peu de temps pour revenir. Quelques minutes, quelques mots simples. « C'était bien ? Ça va. » Mais ce sont de vraies bonnes minutes, tu regardes ceux qui te parlent, ils te fixent, curieux de ton histoire. C'est presque plus agréable que d'arriver aux Sables-d'Olonne. En finissant la course, classé, je n'aurais jamais connu une arrivée pareille.

Pascal était parti à terre pour tenter de régler les difficultés administratives. Je me suis retrouvé seul avec l'hôtesse du Valala.

Elle m'a glissé : « Profite du silence ». Je me suis assis à la table du bateau. Ceux qui fréquentent Ushuaia durant des mois connaissent la qualité de ce silence. Dans ce grand bateau, elle est partie sans bruit vers la cuisine préparer un petit déjeuner. J'ai repris contact avec notre monde par le silence. En course, il n'y a jamais de silence profond, excepté peut-être par grand calme mais alors on ne pense plus qu'à relancer le bateau, on espère le bruit. Dans cette baie, le petit jour était paisible, la course était finie, j'étais hors jeu pour la seconde fois dans le Vendée Globe, et durant quelques minutes une forme de sérénité a tout envahi.

Un petit déjeuner mémorable, l'arôme du café, le grand jeu. Une tarte au citron, la table couverte de petits plats de toutes sortes, ma réinsertion ne présentait pas de difficulté. J'ai regagné mon bateau et nous sommes partis vers Ushuaia encore distant de trois ou quatre heures. Cette région est unique, ce canal puis le port, une clairière au milieu des bois. Il faisait un temps de rêve, les neiges cernaient l'horizon, et cette fraîcheur toujours, les forêts, le calme. Je n'ai connu de pareilles ambiances qu'à cet endroit.

Un Zodiac est venu à notre rencontre. J'ai retrouvé Titou, Jérôme et Philippe Godefroy dit « Fifi », un spécialiste des composites. Ils arrivaient de France. Alain Caradec, qui vit là-bas et organise des périples dans les glaces sur son bateau Kotic*, nous a donné un sérieux coup de main et tout est allé assez vite. On a pu amener une grue rapidement et tenter de sortir le bateau au sec. Mais impossible de parvenir à le faire décoller, il n'acceptait pas de quitter la mer. Il a refusé obstinément de s'élever dans l'air. La seule grue du secteur devait être un peu faible, si bien qu'il a fallu la mettre dans une position acrobatique pour élever le bateau d'un pauvre mètre. Il n'est jamais monté plus haut.*

Nous avons inspecté la coque, la quille, depuis le Zodiac. Aucune révélation spectaculaire, des traces de rouille, un peu d'en-

duit avait sauté par endroits, une varangue cassée, enfin une grosse varangue tout de même, de vingt centimètres par vingt. Personne n'a compris ce qui arrivait réellement à cette quille. Fifi a réparé la casse apparente, il a consolidé au mieux, rafistolé la varangue en la renforçant. Il était impossible de resserrer les boulons de quille, si bien que nous avons attribué la mollesse du fond à cette grosse pièce endommagée. C'était rassurant. En repartant, j'avais d'ailleurs l'impression que le bateau avait retrouvé à peu près son comportement habituel, perdu un peu de cette alarmante souplesse.

« Votre Nom autour du Monde ». Le dossier progressait. En portant la troisième chemise, Éric Gac complétait le premier cercle des inventeurs. Il apportait à notre embryon d'équipe un sens commercial rare, un annuaire de contacts volumineux, un caractère aussi. Bertrand et Éric se connaissaient bien. Éric avait beaucoup travaillé à rapprocher son joli coin de la vallée du Rhône du monde des voileux. Il avait réussi de belles opérations de relations publiques. Bertrand avait ainsi pu financer un bateau, *Passion en Drôme*, et son équipage plusieurs saisons durant.

Une de ces années fut d'ailleurs une suite de réussites mémorables. *Passion en Drôme* a raflé en 1994 la plupart des régates bretonnes, l'Edhec, l'Obélix Trophy, le Grand Prix du Crouesty, le Trophée Otis. Éric avait entraîné le département et regroupé un nombre conséquent d'entreprises dans un cercle d'armateurs sans port, assez hétéroclite. Des rêves de rivages germaient dans la garrigue. À cette époque, le bateau de Bertrand avait tout du caddie au sortir d'une supérette. À chaque course, c'était un régal de découvrir les autocollants du nouveau menu : un producteur de nougat, des pommes, du vin, des œufs, des ravioles, du chocolat...

Pour le moment, avec l'espoir des conquérants, notre petite troupe fière de son nouvel uniforme avait adopté un régime unique : être convaincu, et convaincre. Notre histoire serait une énorme réussite, c'était incontestable, et cette fois on était prié de cesser de rire. Conviction maximale au décollage. Le moindre doute valait trahison, et conseil de guerre. Trois chemises, trois nouveaux adolescents, nous étions redevenus un peu gamins, des « drôles » un peu régressifs et monomaniaques.

Il nous restait dix-sept mille personnes à mobiliser, mais nous étions déjà trois. C'était le point fort de notre projet, mais aussi un écueil. Notre postulat était assez simpliste : une part du prix de vente d'un produit est destinée à sa promotion. Le sponsoring, le partenariat, le parrainage font partie des moyens publicitaires qui absorbent cette partie du prix de revient.

Pourquoi les consommateurs ne financeraient-ils pas directement un projet sportif ? Ils pourraient en devenir partenaires au même titre que les plus grandes entreprises. Pour le prix d'une dizaine de carnets de timbres, nous proposions un petit espace d'expression sur la coque du bateau à dix-sept mille personnes. Notre trouvaille fut dénommée, un peu pompeusement, « sponsoring individuel ».

Nous avions réglé notre problème comme l'aurait fait un élève de CM2 : « Soit cinq millions que divisent dix, non, que divisent cent, non plus, que divisent mille… » Pourtant, le résultat était toujours trop élevé. Il fallut se rabattre sur « que divisent dix-sept mille ».

Pour la seconde partie du problème, cette histoire de surface, notre réponse était plus approximative : « Soit la surface d'une coque de soixante pieds que divisent dix-sept mille commanditaires, quelle sera la taille de chaque emplacement publicitaire ? »

Lorsque notre calcul a enfin abouti, la surface obtenue nous a semblé parfaite. Nous devions quelques jours plus tard exposer notre projet devant les élus du conseil général de la Drôme. Cette réunion s'annonçait déterminante. Éric avait réussi à entrebâiller la porte des responsables politiques du département, il fallait maintenant entrer et convaincre. Les rires résonnaient plus nerveusement. Pour éviter d'arriver les mains dans les poches, nous avions simulé notre espace publicitaire.

C'était une bande de papier, blanche, sélectionnée pour sa banalité. Elle mesurait exactement vingt centimètres de long par deux de large, la surface d'affichage que nous offrions à nos milliers de clients, notre rectangle d'or. Nous l'avions méticuleusement pliée, de manière à ce qu'elle reste présentable à tout moment. Elle servirait de support à notre argumentaire, l'épaulerait, et surtout nous occuperait les mains. Priorité stratégique, ultra-confidentielle, elle était notre atout. Elle jaillirait de nos poches à l'instant décisif, avec sa blancheur comme gage de notre innocence. Nous nous en remettions tant à elle qu'elle en prenait parfois des allures de gri-gri.

Ushuaia. Une escale brève, trente-six heures, mon histoire aurait pourtant pu basculer ce jour-là. Je voulais tenter de terminer troisième. La course était finie pour moi, mais je voulais achever ce tour du monde. J'ai préféré repartir. Éric Dumont n'était pas loin derrière, et je ne voulais pas me placer après lui. En partant vite je reprenais ma place entre Hervé, Marc Thiercelin et Dumont.

Ce soir-là, sur le quai, je répondais à l'interview d'une jeune journaliste australienne. À un moment, simplement, elle a proposé : « Tu veux venir visiter mon cargo ? » J'ai laissé Titou et toute l'équipe en charge du bateau. Il restait bien quelques bricoles à faire, mais je pouvais prendre un moment. « Allons voir ton cargo. »

C'était un beau bâtiment, cent cinquante mètres de long, impressionnant. Le pont s'ouvrait, et depuis la cale deux hélicoptères pouvaient s'envoler. L'intérieur était futuriste. Des studios de télé, des caméras partout, des bancs de montage vidéo… Greenpeace avait les moyens. « Si ça te fait plaisir, on peut aller dîner ? »

La salle de restaurant du bateau accueillait une centaine de personnes, c'était étourdissant. Nous avons papoté, il y avait des gens du monde entier, des Argentins, des Australiens, des Français. Ils m'ont proposé de partir avec eux pour une campagne de trois mois. Je frôlais le dérapage, j'ai rejoint mon équipe, je suis parti avant le virage.

IX

Partir de rien, y revenir à peine

Deuxième partie

Cinq tonnes de tungstène

Bateau : *Votre Nom autour du Monde*
Type : 60 pieds
Lieu : golfe de Gascogne, à une journée des Sables-d'Olonne
Occasion : retournement
Course : Vendée Globe
Année : 1996

« Ce sont des secrets de théâtre, ne va pas les galvauder. Un jour ou l'autre, ils te seront utiles… » avait prédit le bonhomme. Ce camelot qui exerçait durant les grandes foires m'avait, un soir de lassitude, confié quelques trucs de pro. J'avais donné ma parole, d'autant plus respectueux du magicien qu'il m'avait menacé d'un mauvais sort que trois générations de démonstrateurs de casse-noix se chargeraient d'exécuter si je venais à trahir ses secrets.

D'après ce vénérable maître des foires, la vente tiendrait du spectacle de ballet. Qu'elle soit ouvre-boîte, cocotte-minute ou tapette à souris, la bricole à vendre ouvre la représentation. Elle est présentée par un commentaire neutre. Prologue pour violoncelle. Le doute doit régner dans l'assistance. Le bonimenteur, pianissimo, veille à laisser la défiance s'installer. Ses mains entrent alors en scène. Elles tournent autour de la merveille, sans la toucher surtout. L'observateur se persuade que ces doigts, qui l'effleurent mais ne la présentent jamais, nous masquent ses défauts. Le monologue du marchand reste grave, on s'endort un peu, un quart d'heure sous hypnose lasse parfois.

Et brutalement, tambour. Ses doigts enserrent la camelote, et nous l'exhibent sous toutes les coutures. N'est-elle pas désirable ? Elle passe de main en main, enfin, de sa main gauche à sa main droite. Et, précisément, la frustration naît de cette palpation interdite. Vous ne la toucherez pas. Ah ! si vous pouviez la soupeser, la caresser, le secret de l'arnaque éclaterait. L'envoûteur vous l'interdit et insinue dans son solo : « Si vous ne faites rien, elle restera à moi ». Le ton a changé, allègre mais modérément. Et, sournoisement, la question vous tracasse : « Pourquoi ce prix ridicule ? » Mais vous n'êtes pas dupe, lui seul manipule l'ustensile, et ça, ce n'est pas normal.

Troisième acte, rebondissement et final. Cymbales, un coup ou deux mais pas plus. Le spectateur s'apprête à partir. Pourtant il reste, juste pour voir si ses voisins marcheront dans la combine. Face aux soupçons persistants de l'assistance, le maître de ballet choisit un témoin. Il lui confie la chose, la voilà même qui descend dans la salle.

Elle tombe à moitié entre les mains du veinard. Lui peut la toucher, mais pas vous. La chance d'avoir été choisi fait de lui un avocat plus qu'un témoin. La foule scrute les réactions du chanceux rougissant. Deux pour le prix d'une, l'annonce donne le coup de grâce. La frustration devient intolérable. Cette fois, plus question de vous faire duper. Alors, pour en avoir le cœur net et avant que les dernières disparaissent, vous achetez immédiatement.

C'est un délicieux moment d'abandon collectif. On s'arrache le stock, les billets jetés en vrac dans un carton signent l'insouciance du moment. Si l'on ne risquait pas de rater l'affaire, on applaudirait volontiers. Le rideau tombe. Vous avez eu raison, et ça n'a pas de prix. Une sensation de plénitude satisfaite vous envahit. Dans la plupart des cas, l'anesthésie ne dure pas. Sans surprise, vous aurez rapidement la confirmation que ce truc ne vaut rien, vous le saviez et pire, il y en a eu pour tout le monde.

Nous avons eu l'impression d'avoir emprunté les façons du camelot à l'issue de notre réunion décisive face aux élus du conseil général de la Drôme. Ce geste théâtral et tant prémédité du petit ruban de papier blanc que nous avions tiré de nos poches au moment fatidique sentait le plagiat. Avec une différence essentielle : nous savions que notre belle promotion n'avait qu'une valeur poétique. Un nom ou un message de la surface de notre morceau de papier naviguerait réellement tout autour de la terre, affichée sur la coque du voilier, mais Bertrand emporterait surtout l'imagination de ses dix-sept mille commanditaires.

Ce matin-là pourtant, nous n'étions pas très assurés au moment de pousser les portes beaucoup trop hautes du siège du conseil général. Que le promeneur se rassure, on ne pénètre pas ici par inadvertance. La confusion avec une boulangerie ou la poste est improbable. Les battants métalliques approchant la demi-tonne offrent l'occasion de quelques galanteries, mais rendent le lieu impénétrable aux plus faibles. Le soleil du matin déjà trop chaud qui tombait sur toute cette ferraille noire nous donnait l'impression d'attendre notre passage pour souder définitivement ces deux battants derrière nous. Je nous imaginais errant de couloirs en bureaux, notre idée ne suscitant que sarcasmes pour l'éternité.

Cependant, notre petit staff en chemise n'en avait pas fini avec les affres de l'architecture. Il nous fallait à présent franchir le hall d'entrée silencieux et froid en direction de l'accueil. La République avait vu grand. La remontée d'un tel fleuve de marbre laissait à l'hôtesse perchée tout le temps de nous détailler. Nous trouvions dans son regard la confirmation de nos appréhensions. « Bonjour, nous venons défendre une idée phénoménale… Si, si, nous avons rendez-vous. » Le ridicule nous menaçait. La dame prit pourtant une attitude de complicité presque maternelle pour nous annoncer que notre réunion n'aurait pas lieu dans les grandes salles réservées aux assemblées politiques. Le sort de notre projet se jouerait au « Château », un lieu plus intime et apparemment un peu moins républicain.

Nous étions conscients du culot indispensable pour affirmer à nos juges : « Dans nos poches se trouve une idée, qui vous permettrait de faire partir un bateau dans le Vendée Globe. On passe ou vous voulez voir ? » Afin ne pas cumuler les défis, nous avions décidé de ne solliciter aucun budget : quelle que soit la fascination qu'exercerait notre idée magique sur l'assistance, nous bannirions tout financement direct. Nous n'accepterions qu'un assentiment et une aide logistique, rien de plus. Des gamins devant une pâtisserie, nous avons une dernière fois contrôlé au fond de la poche la présence de notre gri-gri, notre billet.

« Parrainez-nous, et confiez-nous des outils de diffusion pour un an, jusqu'au départ de la course. » Les fauteuils, trop bas, nous gênaient. Ils nous imposaient une attitude décontractée inconciliable avec la rigueur de notre exposé. J'observais l'auditoire. Leur petit concile nous écoutait avec une acuité de psychanalyste. De temps à autre, ils opinaient de la tête, montrant en professionnels qu'ils venaient de relever une faute de ton ou un soupçon d'insincérité dans notre réquisitoire loufoque. J'imaginais les sombres nuits du comité de notables qui nous faisait face, écoutant la litanie des budgets du département décortiqués ligne après ligne. Où se cachait leur part de fantaisie ? Pouvait-il exister personnages plus éloignés de notre histoire de mobilisation poétique ? Mes craintes enflaient.

Peut-être nous restait-il encore une chance de séduire par la simplicité. « Votre Nom autour du Monde ». Le nom sonnait aussi clair qu'une réclame de l'entre-deux-guerres. La simplicité de Monsavon, la naïveté de Motobécane. On conçoit aisément l'orbite de son nom, même si le sens général échappe un peu. Allaient-ils se retirer pour délibérer, ou bien à force de pratique parvenaient-ils à se consulter, sans un son, par une forme de télépathie politique ? Dans ce cas le message rituel : « Nous allons donc procéder au vote. Qui est contre ? Qui s'abstient ? Je vous remercie... » avait déjà dû circuler depuis un moment.

Et l'incroyable se produisit : leur adhésion fut totale. Le conseil général nous offrait les moyens de lancer l'opération, des bureaux, des téléphones, des fax, du papier, des timbres, des crayons. Nos frais étaient pris en charge. Dans le cadre d'un chantier de réinsertion, une dizaine de personnes porteraient la nouvelle jusque dans la garrigue. Nos espérances les plus déraisonnables se trouvaient là encore surpassées. Imaginer que nous pouvions favoriser la réinsertion excédait nos capacités d'abstraction. Au jeu de l'originalité, nos austères conseillers répliquaient en nous écrasant. C'était plus que nous ne pouvions espérer.

En sortant, nous avons dû courir, il fallait vite mettre quelques coins de rue entre « le Château » et notre allégresse pour disséquer le match. Un doute planait : qui, des politiques ou de notre équipe, avait impressionné l'autre ? En nous donnant notre chance, les officiels nous avaient sérieusement bluffés. « Votre Nom autour du Monde » devenait réalité, un bateau porterait ce nom. Le voilier légendaire de Philippe Poupon allait trouver l'occasion d'ajouter un chapitre à son épopée.

Descendre le canal de Beagle ressemble assez à la navigation dans la rivière de l'Odet, c'est parfois même à peu près aussi étroit que le passage des Vire-Courts. Je suis parti au plus vite dès qu'un vent portant s'est levé. Après une balade d'essai qui permettait de vérifier les réparations et de remercier ceux qui m'avaient aidé, tout le monde m'a abandonné à deux ou trois milles d'Ushuaïa : Titou, Fifi, Jérôme, Alain Caradec, d'autres amis, jusqu'au capitaine du port. Sous trinquette et deux ris, j'ai attaqué soixante milles dans ce canal, à la voile uniquement, sans moteur. Avec un soixante-pieds là-dedans et un vent changeant, à la moindre erreur c'était la côte.

En entamant les cinq derniers milles, à l'endroit où le canal s'élargit, le ciel s'est voilé. Là-bas, le signal est bref, les dépressions arrivent vite. Le vent a forci. De quinze nœuds au portant, le vent a basculé vers trente nœuds à l'opposé en quelques minutes. Demi-tour dans le canal, retour à fond, j'ai roulé l'inter, pris un ris, demi-tour à nouveau et route au près.

À la sortie du canal, le vent redoublait, il atteignait les quarante nœuds. Je n'avais pas envie de virer pour passer la dernière pointe. Il aurait fallu encore déballaster et j'avais suffisamment manœuvré comme ça. Je pipais au maximum si bien que le bateau n'avançait pratiquement plus en rasant les cailloux, mais je suis parvenu à passer sans virer. J'ai pu choquer pour rejoindre l'île des États. Le détroit de Lemaire, entre l'île et le continent, est célèbre pour la violence de ses courants. Je ne voulais pas m'engager là-dedans, j'avais prévu de contourner l'île. Mais en approchant le vent tournait de plus en plus, favorisant le passage.

Profitant de l'aubaine, je me suis enquillé, confiant, dans le détroit. Le vent a attendu que la nuit tombe pour mollir en changeant radicalement de direction, et pratiquement disparaître. Ne subsistait qu'un petit souffle en plein dans le nez. Dix nœuds de vent de face, un courant infernal, un clapot copieux : au petit matin, je n'avais pas progressé. Mon nouveau départ devenait laborieux, et l'île était toujours là.

Après quelques heures de beau temps, j'étais prévenu que quelques bonnes dépressions qui s'étaient formées sur le Brésil allaient nous rejoindre. À la hauteur des Malouines, j'ai pu le vérifier, trois dépressions à suivre sur soixante-douze heures. Mer forte, le vent tournait au nord-est, au près, plein jour au milieu de la nuit, éclairs, orages, grosse houle. Ma quille me préoccupait, j'ai dû ralentir un peu pendant un moment.

J'étais frustré de ne pas pouvoir pousser le bateau, mon potentiel de vitesse était bon. Marc Thiercelin et Hervé Laurent me précédaient d'une cinquantaine d'heures seulement, j'étais assez content. Éric Dumont me suivait à trente-six heures. Après ce nouveau départ, j'ai maintenu à peu près le même écart jusqu'à l'équateur. J'aimais bien l'idée d'arriver à peu près ensemble.

Dans l'Atlantique Nord, j'ai pu bricoler de nouveau, la barre cette fois. Le palier de fond de coque s'était déboîté. Le safran dansait dans tous les sens avec des bruits inquiétants. Affaler les voiles, demi-tour plein vent arrière, et préparation de la « strat' ». J'ai stratifié avec de la résine à l'eau, en maintenant le palier en place avec des boutes, des serre-joints, tout ce qui pouvait participer à la manœuvre de serrage. Cette résine prend dans l'eau, j'ai rajouté tous les tissus que j'avais, tout était bloqué, bétonné. Deux ou trois heures après c'était sec, j'ai renvoyé les voiles, et mon brelage n'a jamais bougé. Plus tard, pour s'en débarrasser, il a fallu l'attaquer au burin, et durant un bon moment !

Remonter l'Atlantique, c'est long. Une fois passé l'équateur, en récupérant des vents de nord-est, tu as envie d'aller tout droit. Et puis je commençais à me fatiguer des ennuis, le safran qui venait de lâcher, toujours les menaces de cette quille, les accélérations interdites, je devais tout ménager, de plus j'étais hors course.

J'ai profité de ma position extérieure à la course pour travailler la météo. J'appelais régulièrement Pierre Lasnier, qui m'expliquait depuis la terre l'évolution des systèmes que je traversais. En général, pour revenir du cap Horn, on arrondit un peu les Malouines à l'extérieur. Puis, en montant, l'idée, c'est d'appuyer un peu bâbord amures pour retrouver l'anticyclone de Sainte-Hélène un peu plus haut vers le vingt-cinquième sud. On passe, puis on récupère des alizés de sud-est, on remonte encore en passant où on peut, vingt-neuf ou trente ouest. Ensuite route directe, inutile de serrer le près, et on arrive à l'équateur, avec un pot au noir en général plus facile dans le sens de la remontée.

À partir du Cap-Vert, excepté si une dépression passe très sud, on part vers les Açores. Il faut prendre son mal en patience, bouquiner. Le bateau calé à cinquante degrés du vent, douze à treize nœuds, et on attend au près, tout droit jusqu'aux Açores. Arrivé là, on passe d'un système anticyclonique avec des vents de droite à un système dépressionnaire avec ses fronts qui viennent des États-Unis et qui renvoient sur la France. En virant, en choquant un peu, d'ordinaire on arrive.

J'ai passé le cap Finisterre avec vingt-cinq, trente nœuds dans le dos, des conditions magnifiques, mer belle. Le bateau progressait à vingt nœuds. Et puis là, le vent un peu, mais la houle surtout, ont tourné. La mer portait vers le cap, et quelques milles plus loin, une houle secondaire de sud-est venait croiser le train de houle principal. Le système météo devenait vicieux. Houle d'ouest et clapot de sud-est, le bateau accélérait dans la vague et finissait en tapant dans ce résidu d'anticyclone. Hors course, je n'avais aucune raison de m'énerver, j'ai réduit à dix, onze nœuds, deux ris, trinquette. Au point où j'en étais, arriver à midi ou à seize heures…

Clac !… Clac !… Clac ! Précisément au moment où j'ai raccroché, c'est surprenant. J'étais en liaison par Saint-Lys radio, en BLU à l'époque. Je venais de faire le point avec le comité de course. Le bateau rentrait paisiblement, tout droit sur les Sables-d'Olonne, au près bon plein. Je venais de terminer une conversation avec Philippe Jeantot, j'ai raccroché. C'était ma dernière matinée, j'avais joint le PC : « Je vous appelle, vu que j'arrive demain au port ! » J'avais décrit une situation sereine, détaillé mon programme ménager : ranger mes affaires, faire un peu de clean, rendre mon intérieur présentable. J'avais pris la précaution de préciser que je resterais méfiant jusqu'au bout : « Je ne prends pas de risques, je fais attention. Tout va bien à bord. »

À la seconde près : Ping ! ping ! ping ! Je viens juste de poser le combiné. Je me jette dessus : « Saint-Lys radio, Saint-Lys radio ! » Mais personne ne répond plus. Le comité doit avoir joint d'autres concurrents, il a changé de fréquence, j'appelle dans le vide. Trois « ping ! » pour trois boulons. La quille en comporte neuf. Je me jette à genoux. Placée au fond du bateau, une petite fenêtre transparente permet d'observer la quille : ce que j'aperçois confirme mes doutes. À ce moment-là, il reste six boulons, et très peu de temps. Je sors. J'affale la petite trinquette, je largue à la volée la drisse de grand-voile, je redescends. La quille va lâcher. Quand ?

J'ai mis les pompes en route. La quille allait partir, je devais au moins remplir les deux ballasts. Ce n'est peut-être pas la meilleure idée que j'ai eue, mais c'est la première qui m'est venue. C'était aussi un moyen de faire quelque chose. J'imaginais pouvoir appuyer le bateau en le lestant. La quille tenait. Je n'avais plus de toile. Je commençais à m'organiser. Si la quille pouvait tenir encore un peu… Les opérations devenaient plus claires. Couper le haubanage, faire tomber le mât volontairement. Je pouvais peut-être, avec un délai minimum, éviter le chavirage. Le remplissage des ballasts allait se terminer.

Ping ! Ping ! Et la quille est partie. J'ai chaviré aussitôt. Neuf boulons de trente-deux millimètres de diamètre qui se brisent un à un. Ping ! Ping ! La rupture de l'inox se fait proprement, presque en douceur. À l'inverse le chavirage est violent, rien ne s'oppose plus à la culbute du mât. J'étais près des batteries, j'ai pris une sérieuse châtaigne au moment du retournement. À cet instant m'est revenu le souvenir de cette nuit, quelques semaines auparavant au sud de la Nouvelle-Zélande. En sortant de ma couchette, j'avais posé les pieds sur un sol transformé, trop mou. Après tant de semaines à bord, cette nuance ne m'avait pas échappé. Le fond de coque avait pris la souplesse du sable humide. Mes ennuis ont dû commencer cette nuit-là.

Balises, combinaison de survie, vite. J'ai immédiatement regretté mes tentatives de manœuvre. J'avais pris le temps de tout affaler, de remplir les ballasts. J'avais pris le risque de manœuvrer à l'avant, alors que le bateau pouvait se retourner instantanément, et je n'avais rien préparé pour ma survie. Une des balises avait disparu, et il fallait que je retrouve ma combinaison. La situation était assez sinistre. À l'envers, je retrouvais le clapot vicieux de sud-est. La houle, en soulevant le bateau, laissait entrer le clapot à l'intérieur. J'ai eu cette crainte irrationnelle que le bateau coule. Il était pourtant en mousse, en composite. Mais le clapot paraissait capable de tout démolir. À l'intérieur, les bruits d'explosion confirmaient cette idée. L'angoisse de couler, au milieu du rail des cargos. Balises, combinaison de survie. Je devais me recaler sur les urgences.

Dans le sud, j'avais toujours un sac prêt, en cas de problème, avec un peu de nourriture. Mais cette fois, comme j'arrivais le lendemain, mon programme ne comportait pas d'option chavirage. J'ai bien regroupé un peu de bouffe et quelques bricoles, mais tout était trempé. Philippe Poupon avait conçu un compartiment de survie, totalement étanche, à l'arrière. Après un premier capot, un panneau ouvrant isolait une cellule qui permettait de rester au sec, que le bateau soit dans un sens ou dans l'autre. C'était ingénieux et ça fonctionnait même en cas de voie d'eau. Le bateau flottait bien plus haut au-dessus de l'eau que je n'aurais pu l'imaginer. Le pont de plus de quatre mètres de large représentait à lui seul une belle surface de mousse et je marchais sur mon ancien plafond avec de l'eau à peine au-dessus du genou.

Une fois récupérées balises et combinaison de survie, je suis parti me réfugier dans ce cocon pour m'habiller et décider de la suite. J'ai amarré les deux balises déclenchées autour de ma taille. Au moment de franchir le capot, j'ai eu un peu de mal, j'ai dû forcer, si bien qu'une des balises est tombée à l'eau. Avec la houle, elle s'est éloignée rapidement. J'hésitais à nager pour la rechercher, ma combinaison sèche ne l'était plus, je venais de la déchirer sous le genou sur le même capot. L'eau coulait sur ma jambe. J'allais me refroidir pour pas grand-chose. La balise était déclenchée et dériverait aux abords pendant un bon moment. Je n'avais aucune envie de m'éloigner du bateau, même si l'impression qu'il allait couler ne me quittait pas. Le capot était un peu bas, si bien qu'à chaque coup de houle, il se retrouvait sous l'eau. Pour ressortir, il fallait prévoir le moment, et s'élancer juste quand il finissait de remonter en sifflant. Il fallait malgré tout repasser sous l'eau.

L'arrivée au-dehors était étrange. Le ciel était parfaitement bleu, sans aucun nuage, un temps magnifique pour ce matin de février. La réverbération intense sur la coque blanche me brûlait les yeux. Le clapot saccageait l'intérieur en soufflant. Je pataugeais dans ma combinaison, auprès de cette baleine sur le dos, éblouissante. Un ventre blanc, poli, parfaitement lisse dont l'éclat sous ce soleil bas était insupportable. Cette lumière, par contre, apportait à travers la coque une clarté suffisante pour rendre fréquentable l'intérieur du bateau sans trop de risque. Seul le compartiment de survie restait dans l'ombre.

Dans l'eau, je faisais des projets. J'allais monter sur la coque. J'allais m'amarrer au safran. La balise restante émettait, j'allais attendre. Mais je ne suis jamais parvenu à me hisser sur la coque. Je pensais pouvoir grimper facilement. Ce bateau avait un safran unique dont la largeur était imposante. Ce safran était face à moi. J'avais beau attendre la vague et lancer mes bras, il manquait à chaque tentative quelques centimètres pour l'atteindre, presque rien. Par la déchirure, je sentais l'eau pénétrer ma combinaison et me lester sournoisement. Je persévérais, je forçais mon élongation vers ce safran, la seule prise possible sur la coque. Je devais atteindre son bord de fuite. J'étirais mes bras, mes mains, mes doigts, je n'y arrivais pas, je retombais du toboggan. Il aurait fallu s'arracher un peu plus de l'eau, qu'une vague vienne un peu plus forte, il manquait pour le toucher cinq centimètres tout au plus. J'insistais, je m'épuisais, un quart d'heure, vingt minutes, frénétiques, insupportables, j'étais alourdi, je ne pensais plus qu'à toucher ce truc.

Je me suis arrêté à temps. Retrouver le calme, réfléchir, trouver une issue. Repos pour un moment. Je n'avais pas d'autre solution, il fallait retourner dans le bateau, trouver un boute. Je parviendrais bien à le lancer d'un bord à l'autre, une fois le safran entouré je n'aurais plus qu'à me hisser. Les vagues passaient de temps en temps par-dessus la coque. Je devais d'abord rentrer dans le bateau, mais je craignais de rester bloqué dans l'ouverture du capot.

Maintenant les dispositions ont changé, et les radeaux de survie sont encastrés à l'intérieur, mais à l'époque mon radeau était dans le cockpit. À l'envers, on a tout gagné : il flotte et devient impossible à sortir. Il y avait assez peu d'eau, curieusement, à l'intérieur. En y retournant, j'ai vu le radeau qui pendait au bout de sa fixation. J'apercevais sous l'eau la forêt de boutes qui cernaient le dessous du bateau. Je me suis demandé si j'avais la moindre chance de me frayer un passage sans me faire piéger en replongeant là-dedans. Le radeau était dans un sac. Ça n'arrangeait rien pour le manipuler. J'ai décidé de l'amener à l'arrière par l'intérieur pour le placer à proximité du compartiment de survie, paré à être largué par le capot arrière. J'ai tranché le boute qui le retenait. Cinquante-trois kilos à pousser par les capots, ça passait, mais tout juste. Le premier capot n'a pas posé de problème. Il restait juste quelques centimètres autour du radeau.

J'ai poursuivi ma progression en poussant, sans trop de précautions. Le second capot était très juste, mais en forçant je suis parvenu à le dépasser. Le « canote » se trouvait dans un endroit plus vaste, une lame d'eau tanguait dans le fond. À ce moment-là, les cinquante-trois kilos m'ont échappé. Une courte glissade, et le boute de déclenchement coincé dans la poignée du premier capot a cherché à retenir la masse du « canote » qui s'est gonflé instantanément. J'étais bloqué, prisonnier du cocon de survie, sortie bouchée. Je délirais assez sérieusement à propos de ce radeau. Il m'emprisonnait à l'intérieur, il n'y avait plus aucune possibilité de le sortir gonflé, et pourtant je me refusais à le percer. Et puis, je le pressentais, le bateau allait couler.

En forçant le plus calmement possible le passage entre la coque et le boudin du « canote », j'ai réussi à m'extraire de mon compartiment de haute sécurité. En replongeant, le filet de boutes qui dérivait m'a laissé le passage. J'ai pu enfin parvenir sur la coque, un boute autour du safran sécurisait ma posture. Je venais tout juste de m'allonger, épuisé et crispé, quand j'ai vu approcher un cargo. J'ai bondi en hurlant. La mer était un peu blanche, j'étais en plein contre-jour, dans le rail. Le son grave de la machine n'a pas varié. Celui-là ne s'est pas arrêté.

X

Partir de rien, y revenir à peine

Troisième partie

Blanc sur blanc

Bateau : *Votre Nom autour du Monde*
Type : 60 pieds
Lieu : rail des cargos, salle de conférence
Occasion : naufrage, hélitreuillage et sauvetages
Course : Vendée Globe
Année : 1996

Une pause, dix minutes sans danger. Je m'étais assuré, amarré au safran, ce cargo qui venait de m'ignorer m'avait exténué. J'avais hurlé, lancé les bras au ciel, rien. Le contre-jour probablement, la mer était blanche, mon bateau retourné ne devait pas être très visible, blanc lui aussi. Il fallait oublier cette histoire et préparer la nuit raisonnablement, en gardant de l'énergie. J'ai vidé avec soin ma combinaison de survie déchirée, je me donnais l'illusion de trouver un peu de sec.

En fait, sur la coque de ton bateau à l'envers, tu ne sais jamais trop comment ton histoire va se terminer. Un cargo peut te percuter. C'est une position d'attente, impossible de retourner ton bateau, de le remettre dans le bon sens. Avec deux balises déclenchées, en Atlantique, il ne doit pas arriver grand-chose. Et, dans ces conditions, personne ne reste plus de quelques heures à patauger. Ma récupération, logiquement, ne devait pas traîner. Malgré tout, j'ai apprécié que cette période se termine, et cet hélitreuillage reste un bon souvenir.

Les cargos qui doublent le cap Finisterre, cap sur Ouessant, suivent tous cette route. Je n'ai pas eu à patienter longtemps avant qu'un nouveau navire s'approche. Le premier ne m'avait pas vu, celui-ci m'arrivait droit dessus. C'était un cargo moyen, d'une centaine de mètres de long. Il s'est mis à tourner autour de moi. Il avait dû capter les messages du CROSS. Je n'avais pas de radio VHF portable, c'est par signes que nous tentions de nous comprendre. J'ai compris que mon opération de sauvetage était en stand-by.

J'ai patienté une demi-heure, une heure peut-être. J'étais adossé au safran, épuisé et raide comme un morceau de bois. Tous les efforts accumulés pour extraire le radeau de survie, m'échapper du bateau puis parvenir à me hisser sur la coque retournée m'avaient liquidé.

J'ai soudain perçu un bourdonnement inexplicable, un son d'un autre monde. Bien net, sur le bruit grave des machines du cargo. Un sifflement bas, modulé sur une période courte, venu d'ailleurs. Je prenais les choses comme elles se présentaient. Brusquement à plus de deux cents milles de la côte et contre toute vraisemblance, un hélicoptère est apparu. D'où arrivait-il ? Il n'avait rien d'une machine de guerre surpuissante disposant d'une autonomie conséquente, non, c'était un tout petit hélico. Le moment des interrogations n'était pas encore venu.

La machine s'est calée à ma verticale. Les moments s'enchaînaient tels quels, sans cohérence. Un type en bleu m'est descendu droit dessus. Je lui ai tendu la main, il a sorti un couteau. On venait juste de se rencontrer, sans un mot il a coupé tous mes boutes. Mes balises étaient ficelées autour de ma taille. Un boute fixé au safran m'assurait. Mais lui, concentré, coupait méthodiquement un à un tous ceux qui traînaient sur moi ou autour de moi. Il me donnait l'impression d'arriver de très loin. Il ne parlait pas. Dans le bruit du rotor, je l'ai laissé faire, intrigué, jusqu'au moment où il a voulu me séparer de ma dernière balise de détresse. Cette fois, j'ai fait un signe de refus catégorique. Un câble nous a hissés vers le petit appareil. Arrivé dans l'hélico je me suis écroulé dans ses bras. Je terminais ce marathon vidé.

L'hélicoptère m'a déposé sur le pont de la Durance, un pétrolier ravitailleur de la Marine nationale qui faisait route sur Brest, en provenance de Malaga. Un membre de l'équipage filmait chaque phase de l'opération.

Une partie de ces plans se retrouve dans « Votre Nom autour du Monde, 117 jours de course en images », un film sensible réalisé par Jean-René Kéruzoré, que les télévisions ont boudé. Ce naufrage trop loin des quarantièmes devait être considéré comme peu porteur.

Curieuses images, guère militaires. Le cameraman de la marine nationale a-t-il des ordres, ou agit-il de sa propre initiative ? L'interrogation est bien présente à l'image. Il paraît avoir la chance inopinée d'assister à ce petit scoop, comme un estivant croiserait une star en revenant de la plage. Un hélicoptère entre dans le champ, sur fond de mer moutonneuse. L'Alouette est un appareil qui n'est pas aussi petit que le prétend Bertrand, doit-on voir là une forme de snobisme du naufragé ? Le cadre large hésite. La caméra timide reste à distance, l'image tremble un peu.

Bertrand quitte l'hélicoptère. Entre ses mains une balise de détresse bleue cerclée de rose, qu'il enserre fermement. On est surpris de le voir protéger cet émetteur. La balise a fait son boulot, elle a réussi à donner signe de vie. La voilà, il n'emporte qu'elle. Bertrand semble presque la vénérer en la sauvant à son tour. L'image de cette affection nous dérange un peu. Forme moderne et automatisée des moulins à prières, fruit de décennies de recherches spatiales, le petit boîtier parvient à émouvoir les satellites, on s'y attache bien sûr.

L'objectif de la caméra vidéo dont la focale est un peu longue contraint le cadreur à couper. Aussi, dans l'urgence, il élimine du champ le pilote de l'hélicoptère qui s'approche, la carte sanglée aux genoux. Mystérieuse carte, à plusieurs centaines de kilomètres de la côte, carte de navigation aérienne, le bleu doit dominer, secret défense. Dans sa salopette bleue, c'est le bosco probablement. Il disparaît hors champ en un instant. Plein cadre : s'extirpant de sa combinaison de survie, le naufragé trébuche à demi dans une posture qui tient du salut d'artiste, mais cette fois la tête est coupée.

Long panoramique, puis sortie du premier rôle de dos, il gagne les coulisses et l'infirmerie du bord. Les marins, tour à tour, traversent le champ. Ils apparaissent jeunes, gais, loin des guerriers hollywoodiens. L'image est un peu filée. Tous s'affairent, dans ce bateau sans couleur, la plupart détournent la tête au passage du naufragé. Peut-être leur rappelle-t-il que la mer doit être froide aussi pendant les guerres.

C'était un navire de cent cinquante mètres au moins. Je n'avais pas pu l'apercevoir depuis ma coque, au niveau de l'eau, il croisait probablement à ras des brumes à l'horizon. J'avais naufragé pratiquement sur sa route, c'est pourquoi la récupération a été aussi rapide. À l'infirmerie du bord, le kiné s'est mis en devoir de m'assouplir, j'avais eu froid et j'avais la souplesse d'une plaque de marbre. Mon accueil prenait des allures de réception, une douche chaude, de l'eau douce, puis la découverte des fraises de Malaga. Pour m'habiller, on m'a remis un paquetage des marins de la Durance. Un nouveau massage puis ces vêtements secs, à l'instant où mes bagarres prenaient fin, je me costumais en combattant. Puis le commandant Pages m'a reçu dans ses quartiers.

La Durance revenait sur l'épave. En relation avec Brest, le commandement avait projeté de dynamiter l'épave de mon bateau qui dérivait au plein milieu du rail, passage de tous les grands navires en route vers la pointe Bretagne ou en provenant. Malgré la crainte de passer pour un rescapé assommant, j'ai insisté pour défendre un projet de récupération de cette coque, elle valait le prix de deux beaux appartements à Quimper. Le commandant Pages m'a offert des fraises du bord, qui arrivaient de Malaga ! Malgré mes préoccupations, je les savourais.

Il me restait une balise et en l'amarrant sur le safran de l'épave, elle aurait pu sécuriser la navigation des cargos. La position de la balise relevée régulièrement par le CROSS serait communiquée aux navires croisant dans la zone. Je pensais que, signalée de la sorte, nous pourrions récupérer l'épave rapidement, sous quarante-huit heures, guère plus. Seulement, la manœuvre devait respecter les convenances militaires. J'avais l'impression que les états-majors les plus secrets étaient consultés, la décision semblait suivre des voies hiérarchiques qui m'échappaient. Malaga est un producteur de fraises tout à fait exceptionnel ou bien c'était la saison ?

Quoi qu'il en soit, je m'inquiétais. Il y a eu une réunion à bord, pour autant Brest devait avaliser le choix stratégique : dynamitage ou balisage-sauvetage. Le sort de mon bateau dépendait de cette décision. La manœuvre n'était pas si simple, c'est vrai. Il fallait faire redécoller l'hélico, un plongeur devrait descendre sur la coque retournée, fixer ma balise au safran. L'accord n'a pas trop tardé. Le goût de ces fraises reste unique dans mon souvenir.

À partir du O.K. de l'état-major, les choses n'ont pas traîné. L'hélico a décollé. L'équipage m'a invité à suivre la manœuvre depuis la passerelle. Nous n'étions pas très loin de l'épave, je voyais la coque à l'envers. Sur le moment, j'oubliais que je venais de naufrager après un tour du monde, à quelques heures de l'arrivée aux Sables-d'Olonne. La balise a été attachée au safran qui se dressait au-dessus de la coque retournée, et nous avons remis en route vers Brest.

J'étais en excellente condition physique. Toutes ces semaines de mer constituaient un entraînement rare. Si bien que la belle fête que m'avait réservée l'équipage sur la route du retour a duré une bonne partie de la nuit. L'ambiance était très amicale, je me sentais bien au milieu de ces marins. J'ai la conviction que ce bateau était l'un des moyens les plus agréables pour finir le parcours. J'imaginais mal l'idée de repartir dans l'autre sens, sur un cargo sud-américain par exemple, qui m'aurait emporté vers l'Argentine, le cap Horn. Le jour se levait, ce matin de fin février, nous touchions Brest.

À terre, Isabelle, Jérôme et d'autres amis avaient tenté de mettre en place une opération de récupération du bateau dans la nuit. Nous avons improvisé une conférence de presse à bord de la Durance dès notre arrivée, puis j'ai appelé Philippe Jeantot aux Sables-d'Olonne. Yves Parlier était attendu dans la journée, j'étais le bienvenu.

Je suis passé prendre une douche à la maison, chez les Bigoudens, avant de descendre sur les Sables-d'Olonne. J'avais envie de prendre un peu de recul, mais je n'en avais plus le temps. Je retrouvais la vie à terre, mais les moments de gêne se sont succédé durant toute cette journée. Il manquait quelques heures à mon tour du monde, mais ça ne se disait pas. Yves Parlier arrivait dans l'après-midi, non classé. Un growler avait arraché un de ses safrans et il avait dû faire escale en Australie. Au palmarès, il apparaîtrait sous la rubrique des non-classés et moi dans celle des abandons.

Dès mon arrivée aux Sables, une conférence m'attendait. Mais mon bateau n'était pas amarré dans le port à côté ; en vérité j'avais fini ce tour du monde en voiture et sans bateau. J'avais un peu l'impression de faire semblant. Toutes ces petites différences que l'on oubliait pour ne pas gâcher l'accueil magnifique que je recevais. La foule se presse pour retrouver tous les marins qui reviennent aux Sables, et j'en étais. J'étais à la fois touché et gêné, quand au même moment mon bateau dérivait sur la route des cargos. Mes équipiers, mes amis s'efforçaient de régler tous les détails d'une opération de récupération délicate, au milieu du golfe de Gascogne. Je n'ai pas franchi les quais sous les saluts de tous ceux que l'on retrouve. Je suis arrivé par le parking, discrètement, par les coulisses.

Conférence de presse dans la grande salle. Je voulais expliquer que même si peu de marins ont fait le tour de la planète seuls et sans escale, ce n'était pas aussi exceptionnel qu'on peut le dire et l'écrire. Si l'on n'appartient pas à la catégorie de ceux qui partent pour gagner, je pense que tout le monde peut faire cette course. Inutile d'être un surhomme, un bon marin qui prend son temps (et d'ailleurs même s'il bourre) peut faire le tour. C'est probablement plus un état d'esprit. J'ai l'impression qu'il ne faut pas faire le Vendée Globe trop jeune. Sinon, je ne vois aucune autre restriction.

Mon récit n'avait rien de spectaculaire. Le vent pour moi n'avait que très rarement dépassé quarante nœuds : un peu de vent dans le golfe de Gascogne puis plus rien ; pas d'air du tout jusqu'au cap de Bonne-Espérance ; une première dépression forte, cinquante-cinq nœuds, puis plus rien jusqu'aux Malouines, trois jours de mauvais temps ; c'était à peu près tout. Je regrettais cette météo un peu fade. J'avais l'impression qu'il ne m'était rien arrivé de remarquable durant la course.

Je cherchais à retracer ma course simplement. Départ à fond, sans le vouloir je suis parti en tête du Vendée Globe 96. Cet instant a dû faire plaisir aux quelques milliers de personnes qui avaient soutenu ce projet. J'ai même marqué un nouveau bon point en passant second à la bouée du parcours de dégagement. Les conditions météo, venteuses, n'avaient rien d'extrême. Puis, comme d'habitude à cette époque de l'année, un golfe de Gascogne au près, deux bords, bâbord, tribord, et j'atteignais Vigo. Un anticyclone plutôt copieux nous attendait au coin de l'Espagne, il a fallu s'en dépêtrer. Si bien que jusqu'aux îles Canaries, ce n'était que petit temps capricieux, ou calmes. Un périple paisible jusqu'au Cap-Vert, des conditions très clémentes.

Nous formions un petit groupe, avec Hervé Laurent et Marc Thiercelin. Les prétendants s'envolaient déjà, le trio Christophe Auguin, Isabelle Autissier, Yves Parlier. La course commençait à peine quand l'informatique de bord m'a subitement abandonné. Plus un seul fichier météo, j'étais condamné au baromètre pour le reste de la course. J'avais bien un peu de météo par le standard C, mais quand je parvenais à pêcher une carte par-ci par-là, mes informations manquaient vraiment de précision. Si bien qu'à la première bulle anticyclonique un peu vicieuse, je me suis enfoncé en plein dedans. J'entamais ce second Vendée Globe dans une configuration délicate. Alors que j'étais plutôt bien placé, un peu devant Hervé et pas mal devant Thiercelin, je suis parvenu à me poser précisément au cœur de l'anticyclone de Sainte-Hélène.

Je pensais pourtant bien faire, passer vent arrière, faire le tour de la bulle prudemment. Mais la zone de hautes pressions s'est déplacée, et la seule carte météo de Pretoria qui m'était parvenue manquait de détails. Je me suis fiché en plein cœur de la pétole. Je suis resté emprisonné durant trente heures, désarmé. Ca a été physiquement et moralement très dur. Je ne bougeais pas d'un mètre. Je ne pouvais pas sortir de là. Dans cette zone régnait un calme parfait, pas un souffle. Mais ce qui rendait l'endroit insupportable, c'étaient les vagues. L'anticyclone puissant avait levé une mer conséquente tout autour. J'avais l'impression d'être battu par la mer et sans défense. J'ai tenté une sortie par la droite : rien, par la gauche : pire. Je ne sortirais donc jamais de cet endroit. J'ai dû tout affaler, amarrer la bôme, me condamner à l'immobilité pour préserver le matériel de la casse. Mes deux concurrents les plus directs sont passés sans m'attendre. En sortant de là, j'avais trois cent cinquante milles de retard et un moral un peu esquinté.

Je me suis donné un mois pour les rattraper. Je ne voulais pas cravacher tous azimuts, il me fallait un programme de remise à niveau raisonnable, sans frénésie. Ce n'était pas inconcevable. En restant concentré, ça ne représentait finalement qu'un demi-nœud de moyenne à leur reprendre. Les conditions météo n'étaient pas fantastiques. Si bien que nous sommes restés assez au nord, sans jamais descendre au-delà du cinquantième. Ce bateau était stable, c'était l'un des derniers ketchs que l'on ait vus dans cette course avec l'ancien bateau de Jean-Luc Van Den Heede.

Naviguer au portant avec ce bateau, c'était de purs moments de bonheur. Il était lourd et pas rapide, mais il allait droit. Cette stabilité était vraiment agréable. Dans l'océan Indien, j'ai pu faire de belles trajectoires, une route juste. Même s'il se passait peu de choses, la concentration et la maîtrise du bateau me procuraient un vrai plaisir. Chaque jour je remplissais mon objectif, je parvenais à maintenir ma petite accélération, en douce je me rapprochais.

Dans la grande salle des Sables-d'Olonne, je poursuivais le fil de mes souvenirs devant une assistance qui aurait probablement préféré davantage de tempêtes. Je tentais de faire partager les moments de bien-être que j'avais connus à bord de ce bateau dans les quarantièmes. Sans carte météo, sans champs de vent, j'étais contraint de prêter une meilleure attention aux éléments. Je parvenais à anticiper l'évolution du vent, à partir de mes observa-

tions. L'état de la mer, la direction de la houle me situaient dans la dépression. Je surveillais sans cesse le baromètre. Il me restait le standard C qui me donnait la position géographique des centres dépressionnaires. Les concurrents qui me précédaient m'ont aussi beaucoup servi, j'avais leur position régulièrement, j'imaginais leurs conditions. À terre, l'équipe technique me renseignait sur leur vitesse, leur cap. Je savais par la terre si je rattrapais ou non. Et en moyenne j'étais un peu plus rapide, c'était gratifiant. Mille après mille, je rattrapais mon retard.

L'anticipation, dans le sud, rend la navigation passionnante. C'est un sens qui forcément se développe là-bas. Il faut avoir la météo dans la tête jour et nuit. Les grains peuvent être particulièrement dangereux, le vent peut monter brusquement, forcir de vingt à quarante nœuds. Baromètre montant, la traîne approche, les grains arrivent. Je parvenais à reconnaître, parmi tous ceux qui passaient, le dernier grain. En pleine nuit, je pouvais prédire qu'après le passage de celui-là, deux jours de répit arriveraient. Deux jours qui pouvaient être ensoleillés avec vingt, vingt-cinq nœuds. Il faut sentir, comprendre les courbes du baro ; une petite rechute et c'est le front secondaire.

Dans le sud, les dépressions démarrent plutôt avec des vents de nord-ouest qui passent à l'ouest et finissent sud-ouest. C'est l'inverse en Bretagne. Il faut rester vigilant, les prendre dans le bon sens. Ces dépressions tournent dans le sens des aiguilles d'une montre ; se laisser entraîner trop au sud condamne au près. Ça devient un jeu, sauter de dépression en dépression, en longeant les dorsales. Deviner la route la plus courte pour le vent maximum. En étant bien affûté, on parvient à naviguer uniquement au baromètre enregistreur, en traçant une courbe. Il faut dessiner une ondulation harmonieuse sans angle, sans pic. Il faut que le dessin rappelle la houle, qu'il soit fait de courbes douces. Il faut trouver le bon moment pour empanner, savoir prendre les éléments dans le bon sens.

Je m'appuyais sur mon expérience. Je retrouvais les ciels sévères de l'océan Indien. Certains jours me rappelaient les sensations de l'Atlantique Nord au portant. Avec l'expérience, on discerne une pente trop raide du baro, il faut alors mettre rapidement un peu de nord dans sa route et se dégager. Quarante jours à imaginer sans cesse sa position dans le système météo, deviner à partir de ses impressions. On ne peut aimer ces coins-là que si on navigue bien. Si on imagine mal sa position dans la dépression, on ne sait plus trop ce qu'on fait, où l'on en est, on décide à l'envers, ça perd tout intérêt. Finalement, j'ai presque apprécié d'être privé de fichiers météo. À aucun moment de cette course, je n'ai douté de ma position dans la dépression.

En ne disposant plus de la précision des analyses météo envoyées par le PC, je n'étais évidemment plus tout à fait dans la course. Mais c'était vraiment captivant, un plaisir. Je notais tout ce qui pouvait m'aider à dessiner mes propres cartes météo, j'improvisais des schémas d'isobares, avec mon crayon je traçais des champs de vent imaginaires. C'était très satisfaisant de quelquefois deviner juste.

Mon classement me situait dans un groupe central, déjà loin derrière Christophe Auguin et Gerry Roufs. Isabelle Autissier avait abandonné au Cap, Yves Parlier rejoignait l'Australie sous gréement de fortune. Imperceptiblement, je remontais sur Hervé Laurent et Marc Thiercelin. J'étais assez satisfait de la situation. Sixième, le classement me semblait honorable, quand une énorme tempête est venue frapper l'arrière de la course. On écoutait les informations par radio BLU et les nouvelles nous refroidissaient : trois bateaux hors-jeu presque simultanément. Toutes les incertitudes qui ont suivi nous rendaient la course difficile. Les bateaux se retrouvaient à l'envers sans retour, aussi stables qu'à l'endroit.

Personne n'expliquait l'aspect irréversible de ces chavirages. Par radio, nous avions les échos des spécialistes qui avançaient des hypothèses, notre situation était devenue précaire et la course elle-même un peu secondaire. Puis les sauvetages heureux se sont enchaînés, cette fois les miracles se succédaient. Pete Goss a réussi in extremis à sauver Raphaël Dinelli, qui a vu son bateau disparaître sous ses pieds. Thierry Dubois, puis Tony Bullimore, ont déclenché leur balise de détresse. L'armée de l'air australienne les a retrouvés, ils avaient miraculeusement survécu. Tout cela ne prêtait pas à la sérénité.

Dans la salle, le public semblait plus attentif. Gerry Roufs avait disparu, il n'y avait pratiquement plus d'espoir. J'allais en parler, les centaines de personnes qui m'écoutaient le savaient. Je devais trouver des mots, des mots simples. Subitement, on m'a prévenu qu'une personne dans l'assistance venait d'avoir un malaise cardiaque. Il fallait l'évacuer en évitant la bousculade, il y avait beaucoup de monde dans la salle. J'ai fait un commentaire un peu blessant, idiot, j'étais en décalage, et toujours mal à l'aise.

J'ai essayé, en reprenant, de faire partager l'impuissance de ces jours de recherches, parfois sous la neige, à scruter un horizon qui ne s'éloignait jamais à plus de deux cents mètres. Isabelle Autissier avait un bateau extrêmement rapide, elle était repartie du Cap et revenait sur la tête de la course. Elle m'avait dépassé un peu après les Kerguelen, elle venait de rattraper Gerry Roufs lorsqu'il a disparu. Ils étaient loin devant nous, quatre ou cinq jours. Isabelle s'est retrouvée dans la dépression où Gerry a disparu, elle a beaucoup souffert de ce passage météo extrêmement violent.

Philippe Jeantot, le directeur de la course, nous a donné la dernière position de Gerry et une dérive estimée. Nous avons rejoint la zone. Son bateau Groupe LG 2, *n'émettait plus aucun signal. Il pouvait aussi s'agir d'une simple panne. Notre petit groupe s'est mis à patrouiller. Marc, Hervé et moi. On espérait tomber dessus, mais on ne parvenait à rien au milieu des growlers, des icebergs, sans visibilité, avec des radars qui portaient à peine à trois milles.*

On espérait un sauvetage miraculeux de plus. Puis la météo s'est dégradée, j'ai dû abandonner les recherches, en plein malaise. J'ai dû quitter la zone.

Aux Sables-d'Olonne, ma conférence se terminait. Yves Parlier était attendu dans l'après-midi. À son arrivée, il m'a offert, d'une certaine manière, la possibilité de terminer ce Vendée Globe. J'ai remonté le chenal des Sables avec lui, sur son bateau, sous les applaudissements de dizaines de milliers de spectateurs. Le geste d'Yves était très sympa, j'ai pu ressentir l'émotion de celui qui termine. Mais c'était aussi un moment gênant pour moi, avec l'impression fugitive de voler ces instants. J'étais là sans y être tout à fait.

XI

Partir de rien, y revenir à peine

Quatrième partie

Six mille apnées

Bateau : *Votre Nom autour du Monde*
Type : 60 pieds
Lieu : au large des îles Glénan
Occasion : réapparition, miracles et prosternations
Course : Vendée Globe
Année : 1996

À bord d'un remorqueur de la marine, Nordhal Mabire, Jean-Baptiste L'Ollivier, Jérôme Boyer et Patrick Maurel étaient partis à la recherche de l'épave. Ils l'avaient retrouvée dans la nuit. Avec la balise frappée sur la dérive, la localisation de l'épave s'est faite sans trop de difficultés. Un plongeur de la Marine nationale s'est mis à l'eau en éclaireur pour une plongée de repérage. Le mât pointait droit vers le fond, il fallait le larguer en libérant le gréement sous l'eau. C'était une intervention dangereuse. L'équipe de plongeurs a réglé toute l'opération à partir de la vidéo réalisée pendant la plongée de reconnaissance.

Une réunion à bord du remorqueur, devant un écran de télévision, leur a permis de se répartir les rôles. L'objectif initial consistait à éliminer le mât en sectionnant le gréement avec de la dynamite. Les charges devaient être placées sur les haubans et l'étai. Chaque plongeur avait une mission. Manipuler des explosifs en plongée au milieu de cette forêt de boutes et de voiles entre deux eaux demandait une sérieuse maîtrise. Les haubans en inox plein, du « rod », se sont montrés particulièrement coriaces. Devant cette résistance imprévue, l'équipe a dû renoncer aux explosifs, à regret, et se résoudre à attaquer le gréement à la scie à métaux, plus traditionnelle. Une fois débarrassée du mât, la coque a pu être retournée, vidée puis lestée de manière à être plus ou moins stabilisée en vue d'un remorquage vers Brest.

Votre Nom autour du Monde *faisait route en remorque. Entre le départ de Brest et le début du remorquage, il s'était écoulé une trentaine d'heures. Au lever du jour, sans explication, le bateau avait disparu. Personne n'a jamais su comment. La remorque s'est-elle rompue ? La fixation sur le pont a-t-elle été arrachée ? Un réflecteur radar avait pourtant été fixé sur la coque, sans compter une balise qui complétait la signalisation. Les recherches ont commencé aussitôt. Tout au long de la journée, elles se sont poursuivies en vain. Un avion Bréguet est venu survoler la zone, sans résultat. Personne ne l'a revu.*

Quand je suis remonté des Sables-d'Olonne, on m'a annoncé que le bateau, tout au moins ce qu'il en restait, était perdu. J'étais effondré. Je suis parti en Méditerranée prendre un peu de distance avec toute cette histoire. J'hésitais à partir sans laisser un numéro de téléphone au CROSS, sans espoir, plutôt par correction. Six jours plus tard, je recevais un appel : le lendemain matin, mon bateau serait au large des Glénan.

Ce bateau avait un certain talent pour créer sa légende. Les journalistes, les médias ont aussitôt annoncé sa réapparition, ils faisaient de son retour une forme de résurrection. Tout juste s'il ne revenait pas des fonds. Ce bateau attirait la sympathie, ses histoires étaient connues des amateurs. Il avait chaviré avec Philippe Poupon en 1989, à l'époque il s'appelait encore *Fleury-Michon*. On le voit régulièrement à la télévision, dans un petit film qu'a tourné Loïck Peyron au moment où il réussit à le redresser. Dans son second Vendée Globe, il a démâté à mille milles, déjà, de l'arrivée. Pourtant, Philou parviendra à prendre la troisième place du classement, sous gréement de fortune, ne cédant la seconde place à Jean-Luc Van Den Heede qu'au tout dernier moment.

Cette fois, une petite part de mystère existe dans le trajet effectif du bateau. Il dérive dix jours durant, personne ne le repère, puis le voilà qui émerge subitement vers l'embouchure de l'Odet, s'approchant de son port d'attache, comme s'il rejoignait seul la maison. Les courants portent au nord. L'hypothèse qu'il ait pu parcourir une centaine de milles durant ces huit jours n'a rien d'extravagant. On imagine mal qu'il ait pu progresser sous l'eau. En dérivant, il a dû s'éloigner du rail. Au mois de mars, cette partie du golfe de Gascogne est peu fréquentée. Surprenant tout de même que pas un chalutier ne l'ait bigorné. Il devait être à moitié immergé, le pont était très blanc. Alors comment, même balayé par la mer, aucun avion ne l'a-t-il aperçu ? On n'a jamais vraiment su ce qui était arrivé.

Je suis remonté au plus vite du Midi. La vedette de la SNSM du Guilvinec m'a embarqué dès mon arrivée. La veille, un avion des douanes l'avait repéré. Le bateau se trouvait près des îles, entre les Moutons et les Glénan. Curieusement, la coque était toujours à l'endroit. Des photos ont été prises depuis cet avion : alors que la mer était d'huile, n'apparaissaient du bateau qu'une quinzaine de centimètres hors de l'eau. Les capots avant et arrière étaient arrachés. Les boulons de la quille étaient sectionnés proprement à l'extérieur et ne créaient pas de voies d'eau. Aussitôt le bateau repéré, un bâtiment de la Marine nationale s'est rendu sur zone. Des motopompes ont vidé la coque, tout a été remis en ordre. Ce qui pouvait encore être sauvé a été amarré. Lorsque j'ai retrouvé mon bateau, il suffisait de lui passer une remorque et de repartir sur Sainte-Marine ! À bord, il restait des bricoles, un pot de confiture, une peluche… Mon carnet d'adresses était encore sur la table à cartes.

D'après le maire du village, il y a eu ce jour-là, pour le retour du bateau, autant de monde qu'un 14 juillet. Les médias ont claironné partout que le bateau revenait, qu'il réapparaissait dix jours après sa disparition. Il planait dans l'air une bonne dose d'irrationnel. Les gens voulaient revoir ce bateau, le toucher. Une file de voitures patientait sur plusieurs kilomètres. Le 14 mars 1997 était une belle journée ensoleillée. Tous les restaurants étaient ouverts, les bars étaient pleins. Les gens passaient à bord, une longue procession qui progressait lentement sur les pontons. Des centaines de tee-shirts et les casquettes qui restaient du départ des Sables-d'Olonne se sont vendus en quelques heures. Dans l'après-midi, il ne restait plus rien. Comme les gens tenaient à repartir avec une relique et insistaient, nous avons même distribué des tee-shirts que nous avions déjà portés. Tout ce qui pouvait évoquer le bateau s'arrachait. Et sur la coque, les noms n'avaient pas bougé.

Un soir d'été, dans ce coin du pays bigouden, près du port de Sainte-Marine, à la Maison de la baie d'Audierne ou dans le parc du manoir de Kérazan, il se trouvera bien un conteur pour nous replonger dans les aventures du bateau aux six mille sponsors. Ce « sacré canote » n'en finira jamais avec les mystères, la matière est riche. Il devrait prendre sa place parmi les fantômes de la lande, c'est une affaire de temps. Le moindre conte recèle au moins trois vœux, cette fois ils sont six mille. Six mille personnes ont voulu signer une partie de l'histoire, le bateau est parti avec six mille noms sur sa coque, comme s'il emportait un registre d'état civil. Dans ces conditions, comment imaginer que l'irrationnel ne s'en mêle pas un peu ? Six mille personnes, soit une petite ville, deux paquebots, sept trains à grande vitesse ou deux cents classes de CM2, avec chacun son idée sur le skipper et chacun sa stratégie de course...

Au départ de la course sur les quais aux Sables-d'Olonne, on se bousculait près du bateau pour s'engager dans l'histoire au dernier moment. Un petit commando s'employait à aligner du matin au soir les autocollants, tous ces noms qui finissaient par recouvrir intégralement la coque. Il y avait là au découpage, collage, ébullage, des parents, des frères, des amis, et surtout cette petite troupe de jeunes en cavale depuis le midi de la France. Le conseil général de la Drôme, pour appuyer le projet « Votre Nom autour du Monde », avait financé l'organisation d'un stage de réinsertion.

Le petit groupe de rebelles patentés fut placé sous la direction de Sylvie, brillante étudiante fraîchement diplômée de Sciences-Po. Contre toute attente, l'explosion n'eut pas lieu, on pouvait même par moments deviner une forme de complicité entre les désinsérés et leur éventuelle future préfète. Les élus croyaient-ils aux vertus pédagogiques de cette entreprise excentrique ou considéraient-ils au contraire la situation de ces jeunes comme irrémédiablement désespérée ? Ces préoccupations n'atteignaient pas la bande qui semblait plutôt joyeuse à l'idée de retrouver une place dans la société en vendant aux gens un nom, qu'ils avaient déjà, mais qu'ils préféraient voir collé sur cette coque.

C'était assez savoureux de les observer, eux, les « cas sociaux », s'activant de bon cœur pour vendre des parts de rêve à des clients qui leur faisaient confiance. Ils n'auraient jamais pu envisager de trouver aussi officiellement une fonction sociale réinsérante sans un projet aussi loufoque.

Il fallait faire vite et satisfaire la demande. Certains préféraient voir leur nom apposé vers l'étrave, d'autres auraient souhaité un emplacement plus abrité près du tableau arrière, il y avait même des tenants du maître bau au plein cœur du répertoire. La fierté de s'afficher sur le grand registre disparaissait pourtant assez vite car, dans la multitude, dès le lendemain il devenait difficile de retrouver son nom noyé dans la masse des nouveaux venus. Si bien que les jeunes en quête d'insertion trouvaient là l'occasion d'improviser un nouveau petit boulot, dont ils appréciaient apparemment l'ironie : « localisateur-positionneur sur coque ».

C'était en général le papa qui amenait en délégation sa descendance incrédule. Il lui fallait apporter au plus vite la preuve que la famille était devenue, comme il le prétendait, un sponsor tout ce qu'il y a de plus officiel. Courbée au-dessus de l'eau, dans une position malcommode, bousculée par le flux des nouveaux candidats, la progéniture se fatiguait assez vite du décryptage des dix-huit mètres de coque. Six mille noms. En comparaison, l'affichage des résultats du bac paraissait insignifiant. Le jeune désinséré attendait ce moment pour s'avancer au secours du père fébrile. Il sauvait la famille en indiquant la zone de recherche. Visiblement, secourir ces parents en détresse représentait pour lui une revanche et une jubilation qu'il ne parvenait pas toujours à contenir. L'insertion, c'était peut-être ça finalement.

La mobilisation qu'entraînait l'opération « Votre Nom autour du Monde » eut tant de succès dans les dernières heures avant le départ que les emplacements sur la coque finirent par manquer. Si bien qu'on ne put proposer au retardataire que j'étais qu'une place improvisée à la dernière minute sur la trinquette. Cette position plus aérée ne me déplaisait pas. Car, d'une manière aussi stupide qu'irrépressible, cette longue liste de noms, impressionnant rôle d'un équipage virtuel, me rappelait le « À nos morts » des monuments du souvenir. Ce sentiment imprévisible était si inavouable que je n'ai rien dit du plaisir de retrouver mon nom et celui de mes enfants, griffonnés à la hâte, dans une voile qui aurait plus à faire avec le vent qu'avec la mer.

Dans le Vendée Globe, les concurrents partent près de trois mois. Leurs proches cherchent donc un geste affectueux autant que symbolique, en rapport avec l'importance du moment. Les quelques concurrentes n'échappent que rarement aux bouquets, qu'il leur faudra jeter au large, fleurs vite fanées qui flottent en évoquant les cérémonies d'hommage aux disparus en mer… Vague à l'âme assuré. Pour éviter ce genre de gaffe encombrante, j'avais pour ma part opté pour un petit livre de poche, court, ne comportant de mémoire rien de désagréable, même si mon souvenir de cette lecture était déjà un peu lointain.

Pris d'un doute quelques jours après le départ, je relus à la hâte le livre offert à Bertrand : Edgar Allan Poe, *Les Aventures d'Arthur Gordon Pym*. Horreur ! Je réalisai que ce qui dans mon souvenir n'était qu'un plaisant récit de l'expédition d'un jeune aventurier sous les latitudes australes rassemblait tout ce que les marins peuvent connaître de doutes, d'angoisses – l'idée de la mort y est permanente. Le jeune Gordon Pym, passager clandestin, caché dans la cale parmi des charges mal arrimées, cherche dans l'obscurité à découvrir le secret des conversations de l'équipage qui lui parviennent assourdies à travers le pont, où une mutinerie se prépare… Au fur et à mesure de ma relecture d'Edgar Poe, je finissais par confondre les six mille patronymes accrochés à la coque de *Votre Nom autour du Monde* avec ces voix inintelligibles qui fomentaient la révolte. Les hantises se rapprochaient, les vœux de six mille personnes divergeaient. Bertrand pourrait-il naviguer sereinement, cerné par tous ces personnages et cet inquiétant bouquin ?

Où trouver l'unanimité parmi une foule aussi disparate ? Six mille pensées s'entrecroisaient chaque jour, chacune avec son idée sur la course, la météo, la stratégie. Du président de la République à l'agriculteur, toutes les origines, toutes les professions, tous les sexes, tous les âges, toutes les tailles, tous les talents, chacun pouvait trouver son représentant dans l'interminable liste. Nul ne sait si d'obscures trahisons télépathiques ne sont pas à l'origine de l'escale forcée de *Votre Nom autour du Monde* à Ushuaïa, de son ramollissement dans le Pacifique Sud, de son naufrage à vingt-quatre heures des Sables-d'Olonne, de sa résurrection cent milles au nord de l'endroit où il avait été vu pour la dernière fois. Mais parmi tous ces mystères, seul le départ du bateau dépendait de ces six mille noms, et il est parti.

Si le conteur d'un soir, perdu dans les aventures du « canote aux six mille sponsors », peinait à retrouver une chute à son récit, il pourrait bien tirer parti d'un détail.

Lorsqu'il réapparut près du pays bigouden ne subsistaient à l'intérieur du bateau dévasté par ses naufrages successifs que deux reliques écrites : le carnet d'adresses de Bertrand, encore sur la table à cartes, et le recueil des aventures d'Arthur Gordon Pym.

XII

Clé de mât

Bateau : *Banque Covefi*
Type : trimaran 60 pieds open
Lieu : Lorient
Occasion : démâtage
Année : 2002

Chartres. La rêverie agrémente la conduite sur autoroute, les radars ne la détectent pas encore. Ce jour-là, je progresse péniblement vers l'ouest, une séance de prises de vues en mer prévue dans l'après-midi au large de Lorient. Pour absorber les kilomètres, je ressasse quelques amertumes : les règles du jeu changent vite ces temps derniers. Les « images », mot-tendance substitut de l'ancien « photos » obsolète et ringard, les images de mer donc sont pratiquement toutes prises depuis des hélicoptères. On pourrait pratiquement écrire « par » des hélicoptères. Les quelques photographes, benêts et obstinés qui comme moi quêtent un angle inattendu à bord d'une vedette ou parfois même à bord de leur modèle, sont le plus souvent victimes de contingences budgétaires assez inavouables dans ce milieu. Le coût d'une heure de vol avoisine celui d'un mois de travail pour un salaire minimum. Un mois pour une heure, c'est presque un indice économique.

Le Mans. Les kilomètres ne se soustraient pas miraculeusement, la distance est gourmande en songeries. Les grains bretons, déjà. Quand j'arriverai, ils auront disparu, adieu divine lumière. En fait, les hélicoptères favorisent aussi les photographes embarqués, trempés sur leurs esquifs. Ils complètent au départ des courses les parties vides du cadre, avec une belle harmonie technologique. Leur présence dans le champ apporte aux clichés un goût de futilité technique, très apprécié.

À force d'idées décourageantes, Vitré est dépassé. Dans les revues maritimes, la mer est bien noire ces temps-ci. C'est une histoire de contraste, d'où ne ressort qu'un seul choix : un voilier trop clair ou une mer trop sombre. Toujours coupables, les hélicoptères. Le ciel a disparu des clichés. Un angle unique en plongée, dédaigneux et écrasant, enfouit le bateau et le coureur dans le liquide. La légèreté, le vent sont repoussés hors champ, dans l'imaginaire.

Rennes. Dans mon modeste business, tout le monde est soucieux. Le client, le sponsor qui a commandé son poster et sait qu'il devra le supporter sur un mur du bureau, une longue saison. Il ira parfois jusqu'à le suspendre au-dessus de sa tête, dans l'axe de la personne reçue, au cas où un journaliste local viendrait l'interroger sur sa vocation d'armateur. Gare pourtant aux périodes de désastre, où il se croira espionné par quelques rivaux ou concurrents guettant le décrochage du fameux poster. Cette fois l'image, détestable souvenir de ses rêves de victoires, pourrait bien servir de support à toutes sortes de rumeurs calomnieuses.

Et si quelques semaines après la séance de prises de vue, la dispendieuse embarcation a démâté, certains perfides insinueront peut-être que les autocollants glorifiant l'entreprise ne servaient qu'à masquer ses fissures.

Saint-Cyr-Coëtquidan, la quatre-voies passe à l'écart. Le patron est inquiet, il se méfie des artistes qu'il estime incontrôlables. Le photographe est anxieux. Reste-t-il un cadrage qui ne soit pas envahi de marquages publicitaires, un axe pour prouver son talent? Et puis sera-t-il payé, et quand?

Lorient, cinq cents kilomètres. Il flotte ici une impression de lourds secrets. Même les immeubles de l'arsenal se défendent d'être vides. Une chaîne de télévision bretonne TV-Breiz occupe pourtant un bâtiment anonyme, enclos par des silhouettes de frégates que l'on imagine revenant d'une guerre lointaine. À l'entrée, pour faire bonne figure, un planton vous interroge sur votre destination, mais vous autorise à poursuivre votre chemin sans même attendre votre réponse. Plus loin, une colline de béton, proche du port de pêche: la base sous-marine. Rien ne prouve que la masse énorme recèle quoi que ce soit, pourtant l'impression de creux domine. Effet probable de l'art du camouflage militaire, on imagine que ce qui nous est caché est gigantesque. Des canaux, des réseaux d'écluses, des alvéoles, des ateliers, des pièges, des trappes au plus profond des cellules. Ces ingénieux aménagements, aujourd'hui envahis par les mousses et les odeurs d'urine, dissimulaient des escadrilles de sous-marins. Le dispositif paraît naïf. Et si l'on oublie la suffisance butée d'un Maginot, d'un Siegfried, on pourrait y voir un jouet.

Le défi français pour la Coupe de l'America s'y était installé pour un temps, séduit par l'évidence. Discrétion assurée, le secret ne se laisse même plus supposer, il s'affiche. Ici, ce ne sont pas deux bateaux qui peuvent se cacher, c'est une escadre.

La veille, on avait navigué contre Franck Cammas et Lalou Roucayrol, Groupama et Banque Populaire. Ce jour-là, nous avions déchiré le gennaker, erreur de manœuvre des premiers jours d'entraînement, trop de précipitation. Une belle journée tout de même, un gennaker réparable, rien de catastrophique. Le soir, débriefing, dîner avec toute l'équipe, Jean-Jacques dans son nouveau rôle de psycho-entraîneur chargé de l'humeur générale et les dix équipiers à l'hôtel à Lorient.

Le lendemain, deuxième journée d'entraînement. Briefing du matin : aujourd'hui, on travaillera davantage les manœuvres à bord. Au vu des conditions météo annoncées, entre trente et trente-cinq nœuds de vent, on hésitait à sortir. Sur ces bateaux-là, on a quelques réticences dès que ça dépasse vingt-cinq nœuds. Si on casse quelque chose ? En fait, on ne s'en aperçoit qu'aujourd'hui : c'est très dur en multicoque de s'entraîner, de naviguer tous les jours. Il faudrait presque un bateau de remplacement pour travailler les manœuvres. Il faut bien se dire qu'un budget d'entraînement est indispensable. Ce budget n'avait pas été détaillé l'année 2002, mais pour 2003 nous avions une base d'environ cent trente mille euros.

Nous avons donc pris la décision de sortir et de naviguer vraiment sous-toilés, trinquette et deux ris dans la grand-voile. Au près, un ris aurait suffi, mais comme c'était le seul bateau à sortir ce jour-là, il valait mieux être prudent, préserver le matériel. C'était surtout pour habituer l'équipage. On peut se retrouver avec ces conditions, trente nœuds, on doit pouvoir naviguer là-dedans. Tous les grands prix ont pourtant été annulés à vingt-cinq nœuds de vent. On visait les grands prix bien sûr, mais aussi la course des Phares et la Route du Rhum. Même s'il s'agit d'entraînements en équipage, la Route du Rhum reste l'objectif de la saison. Il faut aussi se dire que, si on ne peut pas naviguer entre Groix et Lorient avec vingt-cinq, trente nœuds de vent et quelques claques à trente-cinq, c'est que quelque chose ne va pas.

Ce jour-là, premier bord de près, descente vent arrière, remontée au près. On voulait se reposer un peu sur le bord de travers, se détendre après un aller-retour déjà, un petit bord de travers à vingt-huit, vingt-neuf nœuds.

Bertrand dirige l'importante équipe qui depuis plusieurs mois travaille sur le trimaran *Banque Covefi*. Pour éviter de le déranger en téléphonant, je tourne un peu à la recherche de l'hôtel qui les héberge. Façade blanche, volets bleus, il est breton sans aucun doute. Le ravalement doit être postérieur au débarquement. Belle cible pour l'aviation ! Dans la grande salle carrelée, la patronne en chignon me reçoit fraîchement. À cette saison où les géraniums sont rentrés depuis un moment, mon immatriculation 78 rend même l'accueil franchement glacial.

Et là, tchuwit… t… tout est tombé. Ça tombe en douceur, un mât, en principe on a le temps de le voir, on peut s'abriter, se protéger un peu. Malheureusement, quelqu'un a pris un vérin dans le dos. Au vent, le vérin hydraulique est amorti par de gros sandows et, quand le mât est tombé, le vérin est parti en arrière, puis avec la puissance du sandow il est revenu vers l'avant. Yannick Simon a été bloqué sous la grand-voile, entre la voile et le filet.

On a souvent beaucoup de chance avec ces bateaux-là, on passe souvent à ras, tête nue. Il va falloir militer pour le port de l'armure et du casque ! En équipage, nous étions onze à bord, la main-d'œuvre était suffisante pour tout récupérer, les voiles, les deux morceaux de mât, le gréement… C'était raide à supporter tout ça.

L'après-midi se termine, le bateau n'est pas rentré. Près d'une baraque à frites, sur le parking du port de pêche, les goélands, avec une incroyable effronterie, picorent entre les bottes blanches des ouvrières des conserveries, pendant la pause. Elles les chassent sans ménagement en terminant leur café.

La patience m'abandonne, j'appelle sur le portable :
« Allô, Bertrand, ça va ?
– Ça va, on va avoir du retard.
– Ah ?…
– On a démâté. »

Je pense que nous étions bien prêts, on avait pas mal navigué depuis la Transat Jacques Vabre, un aller-retour en Méditerranée, quarante-cinq nœuds dans le golfe de Gascogne pour remonter, un bon périple. Et puis on a remis le même gréement, le même haubanage suite à ça, bas-haubans et galhaubans en PBO. C'est le bas-hauban en PBO vieux d'un an, un an et demi, fiable normalement, qui a lâché. Apparemment une série de haubans avait un défaut, ceux recouverts d'une gaine jaune qui malheureusement laisse passer les UV. Mais, comme d'habitude, personne ne prévient personne, donc là on a cassé le mât. En fait, le résultat, c'est qu'on a démâté avec des bas-haubans qu'on n'aurait probablement pas dû avoir sur le bateau. Ce mât n'a pas été cassé comme les autres, ce n'est pas le mât qui s'est écroulé, c'est bien un bas-hauban qui a lâché, il y a eu rupture du mât ensuite.

J'étais un peu inquiet, Yannick Simon était blessé, allongé sur le filet, Jef était abîmé aussi, mais il a repris rapidement ses esprits. On a prévenu le CROSS Ethel que nous aurions peut-être un blessé à évacuer. Nous étions à trois milles du port. On a appelé le défi Areva *(Coupe de l'America). Pierre Mas et Thierry Briend sont venus à notre rencontre avec un très gros semi-rigide de neuf mètres pour pallier la manœuvre d'entrée dans le port de Lorient. Il y avait trente nœuds de vent de face. Il valait mieux assurer le coup. Quand on casse un mât, on n'a pas envie d'aller à la côte en plus. En attendant, on a tout ramené à bord.*

C'était un mât en sandwich, il était à demi-immergé, l'un des gars est parti crocher un boute autour en haut, en marchant dessus, sur l'eau. Tout l'équipage s'y est mis. On a tiré le morceau sur le pont. On a récupéré toutes les drisses à bord. Le bateau n'a pas souffert. La première portion du mât est tombée sur la filière arrière, qui a bien amorti. La plate-forme a été préservée. On a tout rangé, tout amarré, puis on a été remorqué par le gros Zodiac. Arrivés au port, il ne restait plus qu'à appeler l'expert maritime.

À côtoyer les utilisateurs de ces multicoques, l'inattendu devient très vite routinier. Parmi les préoccupations, la catégorie « catastrophe » domine. Et ne restent plus guère que quelques jeunes sponsors naïfs pour arpenter nerveusement les quais avec l'espoir que les plannings seront respectés. Pourtant, le souci cette fois est de taille. Examen de précaution à l'hôpital pour deux équipiers. Perd-on petit à petit la mesure du risque ? Trois de ces engins ont démâté depuis peu et l'affaire devient familière. Hauteur trente mètres, poids trois cents kilos, quand le grand tronc s'abat sur l'équipage toute la futaie y passe, gréement, grand-voile, étai, voile d'avant, vérins, capteur, girouette…

Pour aujourd'hui, on a la chance d'échapper à la destruction d'un flotteur, pourtant dans la logique des choses.

L'addition s'arrête à la partie aérienne, les racines sont intactes. Il y a quelques années à peine, une histoire pareille aurait occasionné une série d'articles dans la presse. Les spécialistes s'y seraient exprimés, d'audacieuses théories auraient été formulées. Certes cela n'aurait pas redressé le fier appendice, mais c'était une manière d'adresser au skipper malheureux des condoléances techniques somme toute bienvenues. Actuellement, dans le meilleur des cas, l'événement génère à peine un entrefilet. La déforestation s'étant pour le moment banalisée chez les multicoques, la mesure du danger échappe de plus en plus.

On a un programme contractuel, sauf cas de force majeure, et sur les bateaux il y a toujours des problèmes, matériels, humains. Le sponsor, la banque Covefi, souhaitait que l'on participe au Grand Prix de Lorient, quinze jours plus tard. C'était la deuxième sortie pour l'équipage et pour soixante-dix pour cent d'entre eux la première sortie en multicoque. Tout le monde est tombé de haut. L'équipage était tout neuf, une partie venait des monocoques soixante pieds open. D'autres, Mathieu, Yannick, Pierre-Alexis avaient fait beaucoup de dériveur.

Mathieu est neuvième mondial en match racing, il était à la barre à ce moment-là. Comme il est tacticien durant les grands prix, c'est lui qui barre le bateau le temps que je traverse d'un bord à l'autre. Ça ne change rien bien sûr, mais je lui ai passé la barre et, vingt secondes après, le mât est tombé. Ça aurait dû être moi, et c'était lui… Il s'est senti fautif et il a eu du mal à reprendre la barre après. À chaque virement, ça le mettait dans une situation délicate. Même par la suite, pendant un long bord au Grand Prix de Fécamp, j'avais une envie pressante et je voulais lui laisser la barre, mais j'ai senti qu'il n'était pas tranquille alors qu'il fait partie des meilleurs barreurs français.

Le soir, à l'hôtel, autour de la grande table, délicat de faire diversion. La conversation bute obstinément sur cet instant hautement déterminant. Face à une préoccupation de ce calibre, chacun cherche un argument, une incantation reflétant sa personnalité : « Ça aurait pu être pire... », « C'est une leçon... », « C'est vraiment trop con, à une demi-heure du port... », ou bien encore « On ne peut en tirer aucune conclusion... » En fait tous les commentaires sont permis, à condition de participer au rituel collectif de haine face à ces secondes de trop.

L'heure n'est pas encore aux projets. Les amis, les collègues, les gens de mer et ceux du bord passent en visite, pleins de sollicitude. L'équipage du défi français pour la Coupe de l'America, sorti de son igloo de béton voisin, apporte un soutien très amical. À chacun son niveau dans l'échelle des ennuis, on devine les leurs, très embarrassants aussi.

Il est tard. Bertrand m'a donné la clé d'une chambre réservée pour l'équipe et inoccupée cette nuit-là. Mais voilà, une fois franchies quelques longueurs de couloir moquetté, une fois contournées quelques plantes en phase terminale de déshydratation, perchées sur d'instables trépieds, la porte de ma chambre est là, entrebâillée. La poignée, inerte, pend lamentablement. Spectacle affligeant, un ressort cassé peut-être, elle ne répond plus aux sollicitations, et dans ces conditions ne peut remplir sa fonction première, fermer. Alors, dans un moment d'insouciance dont je mesure aujourd'hui encore la légèreté, j'entre quand même dans la chambre, je cale la porte avec mon sac, et je m'endors. Comment un pareil détonateur a-t-il pu m'échapper ?

En fait le soir même tout était rangé. Les deux équipiers sont sortis de l'hôpital, tout allait bien. Il y avait juste un mât cassé. L'échéance à venir c'était le Grand Prix de Lorient, moins de deux semaines plus tard. En deux semaines, on avait plusieurs solutions : soit réparer le mât en travaillant à quinze personnes nuit et jour, soit trouver un mât de remplacement, mais le délai était particulièrement court.

Le lendemain matin, je descends sans méfiance. La tenancière de l'hôtel est embusquée, chignon suspicieux, félin aux aguets. Sur l'autre rive de la grande salle du restaurant, toute l'équipe est là, absorbée entre café et téléphone portable. S'il existe quelque part dans le monde un mât qui convienne ou puisse s'adapter, il ne leur échappera pas, ils doivent le débusquer. La mesure du défi est palpable.

D'un saut, le léopard aux cheveux tirés me bloque l'issue de secours. À son regard envahi par l'irrationnel, je mesure sa détermination. La matinée va basculer. Cessez vos recherches, les gars, place au jour de gloire de la patronne. Elle désigne le coupable, celui qui attaque les portes bretonnes, le chef d'un réseau serrurier. Elle l'a traqué et coincé, le gros gibier, le bourreau des pênes. L'affaire est d'importance.

De simple témoin, l'équipage qui n'a pu réprimer quelques sourires narquois est déclaré complice et condamné illico. Elle fait mon procès et rend son verdict. Notre peine est rude et incompressible : le félin réclame toute notre attention pour une durée qu'elle seule déterminera. Et la douzaine de gaillards, ceux-là mêmes qui ont su affronter les régates les plus âprement disputées, bien décidés à en découdre, doivent dans l'instant déposer les portables et cesser tout combat.

Un candide courageux plaide l'absence de mobile, bredouillant un « Pourquoi détruire la serrure quand on a la clé ? » L'impertinence de cette réflexion nous condamne collectivement à une bonne demi-heure de prolongation. Dans une ultime tentative de transaction, un émissaire propose un dédommagement financier pour la serrure. Option fatale : non seulement cet argument prouve ma culpabilité, mais il fait de nous des corrupteurs. Générale d'un royaume à deux étoiles, la patronne savoure les joies de la raison d'État. Une bonne heure pour douze personnes, douze heures gâchées, il faut rester sereins, se concentrer sur l'absurde, imaginer les calmes équatoriaux. Jalouse, la panthère exige un aveu : son problème de serrure vaut bien notre ennui de mât.

Le tacticien de l'équipage émet une proposition habile. Il reconnaît la gravité de la situation. Il partage son tourment de gâches et de pênes largement comparable à nos soucis de gréement. Indigné, il condamne les saboteurs de l'ombre. D'une voix théâtrale, il met à disposition de celle qui dans son hôtel représente le pouvoir après Dieu une équipe de six préparateurs du bateau. Ce commando, il l'assure, est à la hauteur d'une telle réparation. Avant peu, c'est certain, la poignée retrouvera une belle horizontalité. Le chignon du félin revêche vacille.

Mais le protocole exige une négociation d'un niveau supérieur. Autorité oblige, Bertrand, nerveux, expose à la patronne ce qu'il estime être le plus spécifiquement français dans sa bêtise : cette manière singulière de rendre les problèmes insolubles. Mais, plus original, il accepte la défaite et, compte tenu du temps que nous avons perdu, demande à pouvoir rester une nuit de plus dans l'établissement. Ainsi fut scellé un étrange traité. Le comportement des puissants nous échappe parfois.

Cependant, avant de rétracter ses griffes, notre hôtesse tient à faire respecter un dernier amendement. Elle tend un doigt accusateur dans ma direction et profère : « Lui, que je ne le revoie jamais ! »

1. Échoué volontaire, suivi d'un astérisque

« Sorties à la journée à bord d'un formule 40, tous niveaux, contacter Bertrand de Broc ». Suivait un numéro de téléphone. Comme si un pilote proposait une formule 1 pour faire le taxi… » Photo © Christian Béron

« Quoi qu'il en soit, ce côté antihéros agace parfois un peu… »

3. Des mensonges, rien que des mensonges

« Une brise régulière et ferme sur sa direction, voilà les conditions idéales du récit de quart… » Photos © Christian Béron

4. Des légendes

« C'est une image de Christian Février, la lumière est parfaite. *Côte-d'Or*, un maxi que dirigeait Éric Tabarly, longe un iceberg… »
Photo © Christian Février

5. Mise à l'eau, mise à prix

« Après ma performance de peintre, j'avais réussi à établir un semblant de dialogue avec le commandant et je passais plus souvent à la passerelle… » Photo © Christian Béron

6. Cinq photos en rafale

« En découvrant ces photos, on acquiert la certitude que la carrière de ce coureur prend fin précisément à cet instant… » Photos © Christian Béron

« C'était en fin de journée sous une étroite portion de ciel bleu, un vrai ciel de baston, un vent de nord, j'étais bâbord amure… »
Photo © Bertrand de Broc

8. Partir de rien, y revenir à peine

Première partie

Coup de mou

« *Passion en Drôme* a raflé en 1994 la plupart des régates bretonnes… »

Photos ©Christian Béron

Cinq tonnes de tungstène

« *Votre Nom autour du Monde* devenait réalité, un bateau porterait ce nom… » Photo ©Christian Béron

10. Partir de rien, y revenir à peine

Troisième partie

Blanc sur blanc

« Le geste d'Yves était très sympa, j'ai pu ressentir l'émotion de celui qui termine… » Photos ©Christian Béron

« La mobilisation qu'entraînait l'opération *Votre Nom autour du Monde* eut tant de succès dans les dernières heures avant le départ que les emplacements sur la coque finirent par manquer… » Photos ©Christian Béron

« En fait, les hélicoptères favorisent aussi les photographes embarqués, trempés sur leurs esquifs… » Photos © Christian Béron

13. Une lueur d'espar

« Avec l'expérience, le jeu consiste d'ailleurs à deviner où se cache le lézard… » Photo © Christian Béron

14. Procédures par élimination

À l'instant de cette photo, *Fujicolor* passait la pointe de Porz Doun, la deuxième pointe d'Ouessant après le Créac'h… » Photo © Gilles Martin-Raget

Première partie

Signes avant-coureurs

« J'appréhendais quelque chose, sans savoir vraiment quoi… »

Photo © Christian Béron

« Ellen MacArthur, pour cette apparition miraculeuse au creux de la vague, mérite à mes yeux tous les ex-voto de toutes les chapelles bretonnes… » Photo © Christian Béron

17. Du tiers comme du quart

« Quand nos concurrents ont voulu couper le fromage, on a souri, j'avais pris suffisamment d'avertissements dans ce coin-là pour deviner la suite… » Photo © Christian Béron

« La mer n'hésite pas à briser les convictions et l'arrogance de ceux qui prétendent l'utiliser. Elle préfère les gamins teigneux… »
Photo © Christian Béron

XIII

Une lueur d'espar

Bateau : *Banque Covefi*
Type : trimaran 60 pieds open
Lieu : Lorient
Occasion : un mât en option, location, réparation
Année : 2002

Je n'avais aucune raison de m'éterniser sur les quais lorientais. Des histoires de mâts, il en traîne plein les ports. Même si celle d'Yves Parlier dans le Vendée Globe 2000 domine. Je suivais donc à distance la convalescence du trimaran. J'avais les échos des grandes tablées, des réunions dans les cafés où les portables s'échauffent si une solution se présente. Toute l'équipe s'accordait sur une obsession, trouver un mât pour Lorient et son grand prix. Et vite.

C'est un grand prix dont personne ne parle vraiment. On a dit qu'on ferait le Grand Prix de Lorient, on le fera en passant par la porte ou par la fenêtre ! À la limite, on ne sait plus trop pourquoi on y va, il faut y aller. En fait, ce n'est pas ce qui me déplaît le plus. Dire : « Voilà, il y a un challenge excitant », même si on sait que le résultat sera mauvais, vraiment mauvais. Le challenge est marrant, on est douze personnes, on court partout. Après quoi on ne sait pas trop, le résultat final est connu, on va prendre une bâche. Ça m'amuse, on fonce dans tous les sens pour aller mettre sa tête sur le billot.

Bertrand et son équipe ont finalement déniché un mât à louer. L'affaire est plutôt rare, même si j'ai le souvenir d'en avoir vu un, en morceaux, abandonné sur un quai de Port-la-Forêt, gisant là en attente d'improbables réparations. Un artiste recycle les mâts blessés, un peintre, Jean-Noël Duchemin. Une fois taillés, tronçonnés, recyclés, ils perdent leur superbe de pièce hors de prix, de très haute technologie. Et l'on ne retient plus du carbone, matériau digne de l'espace, que sa couleur, ce noir profond sur lequel pourtant aucun chercheur n'a dû se pencher. Ils finissent simples supports pour des œuvres où s'ébattent des bancs de poissons, devant des manches à air tentaculaires. Sur un autre de ces fragments de mâts tout frais, un pêcheur bleu aux grands pieds poursuit une naïade aux fesses admirables. Toutes ces nostalgies marines qui se vautrent sur le carbone déprimeraient une promotion d'ingénieurs spécialisés dans les matériaux high-tech.

La solution la plus rapide et la plus économique, c'était de louer le mât de Francis Joyon. On a dû l'adapter, mais nos bateaux avaient les mêmes plates-formes : hauteur, longueur, largeur, c'est déjà ça. Comme toujours, il y a eu des négociations ; aujourd'hui tout se négocie, même si c'est un mât de quinze ans. Je lui ai proposé de venir courir la Route des Phares et le Grand Prix de Lorient avec nous. Ça ne l'intéressait pas.

Il n'y avait aucun mât d'occasion adapté et c'était le seul à louer, j'imagine que le marchandage ne devait pas être simple. Et puis pensez donc, il n'a rien d'un espar anonyme, c'est un mât de légende, un mât gagnant. À bord, lors de la victoire de Francis Joyon dans l'Ostar 2000, il avait déjà été le compagnon dévoué de Florence Arthaud pour sa victoire dans la Route du Rhum 1990. Comment négocier une remise après ça ?

Malheureusement, on savait en louant ce mât qu'il faudrait adapter les voiles et le gréement et que nous ne pourrions obtenir aucun résultat en course. Alors, on s'est mis dans une autre configuration : louer ce mât pour préserver l'équipe technique, l'équipe de navigants. On travaillerait davantage la cohésion de l'équipage que la recherche d'un résultat, d'un classement. Dans un grand prix, entre trois bouées, il n'existe aucune chance avec un bateau plus lent de tirer son épingle du jeu sur des options exceptionnelles. À moi de convaincre l'équipage.

On fait de la formule 1 sans avoir les budgets correspondants. Personne n'anticipe un démâtage, personne n'est prêt à faire face aux gros soucis. On rentre dans un processus où il est difficile de faire marche arrière. Pour le sponsor comme pour l'organisateur, il faut y être. À moi de persuader ceux qui en doutent.

Le mercredi, on a mâté à Vannes. On était parti vers cinq heures, au moteur, de Lorient. On était douze à ce moment-là, une grosse équipe. D'autres travaillaient à la voilerie North. Il fallait quand même une équipe de vaillants courageux, tout ça pour dire : « On va faire le Grand Prix de Lorient » et c'est tout. Sans aucune chance d'obtenir le moindre résultat.

Le seul plaisir, c'est de parvenir à être prêts à temps. On va foncer dans tous les sens, les gars vont retailler les voiles jour et nuit. Trois personnes vont travailler sans relâche quatre jours durant pour adapter les voiles sur un mât plus court d'un mètre cinquante. Retailler le gennaker, la trinquette, la grand-voile, redécorer le mât aux couleurs du sponsor. On sait qu'il y aura des erreurs, tout ne va pas tomber pile, malgré toutes les mesures prises par les spécialistes, c'est impossible. Avec l'expérience, le jeu consiste d'ailleurs à deviner où se cache le lézard. Pour ça, tu prends un peu de recul, tu t'écartes, tout le monde s'active et tu te dis : « Qu'est-ce qui ne va pas fonctionner ? Les voiles, l'équilibre général, les haubans qui seront probablement trop courts ? Quoi ? »

On est arrivé le mercredi à Lorient, vers dix heures du soir. Le jeudi matin, l'équipe était au boulot très tôt. Les dernières voiles modifiées sont arrivées dans l'après-midi. Le grand prix commençait le vendredi. On a remis en place les voiles d'avant, tout checké, et le soir, on est arrivé dans le « cirque ». C'était une première satisfaction pour tout l'équipage.

Le lendemain, tous les concurrents sortent du bassin, les sponsors sont là, c'est bien, tout le monde est content. On part sur le plan d'eau avec tout le monde, on fait la première manche et clac ! les coulisseaux de tête de mât sautent. Difficile de tout adapter. On est rentré au port, en ratant la première manche, on a brêlé la grand-voile au mât pour pouvoir ressortir. Le comité de course a refusé de décaler le départ de dix minutes. On est arrivé cinq minutes trop tard, il a fallu attendre la manche suivante. Bilan de ce grand prix : on savait qu'on pouvait compter sur l'équipage, et c'est déjà pas mal. Sinon, on a fini sans surprise, derniers.

Si on se base sur ce seul grand prix, on a marqué zéro virgule deux points pour tout ça. Au-delà de la sixième place, tu as droit à zéro virgule deux points, et une poignée de main.

« Allez, et faites-nous rêver… », dit en substance le président de France Télévisions de l'époque, Jean-Marie

Cavada, aux coureurs qui vont partir dans une Route du Rhum 2002 plutôt dévastatrice. On ne fait probablement pas ce boulot sans un sens aigu de l'anticipation. Pour illustrer le propos, il choisit malicieusement un exemple qui n'a rien à voir avec cette course. Il évoque l'un des meilleurs générateurs d'imaginaire du moment : Yves Parlier, et son aventure dans les îles.

Novembre 2000. Yves Parlier, après un grave accident de parapente, prend le départ du Vendée Globe. Il semble fragilisé, mais déterminé. Son bateau, révolutionnaire quelques années auparavant, lui a valu de belles empoignades avec les jaugeurs et les comités de course. Il a été plusieurs fois imité depuis. Durant une bonne partie du premier mois de course, il tient la tête. Puis sur une option malheureuse, Roland Jourdain et Michel Desjoyeaux le dépassent. Il accélère alors, établit la meilleure moyenne de vitesse sur trois jours puis démâte. Jusqu'ici, tout va mal.

La défaite ne dure pas, il prend la parole aussitôt. Et à la radio, il raconte. Il fait de nous des enfants. Alors qu'il est ballotté sur un bateau qui a tout du ponton, il ne renonce pas. Il va nous emmener dans une île mystérieuse de l'océan Pacifique. Une île magique, inconnue, qu'il trouve sur un CD-Rom que ses amis avaient caché dans son bateau pour Noël. Il y aura comme un passage secret, puis un grand bassin. Là, on construira un radeau avec des bidons. Le grand voilier s'échouera, bousculé par un vent méchant qui n'apparaîtra qu'une fois. Et puis on recollera le mât. Ce sera dur, mais on mangera des bigorneaux.

La précision de l'évocation est singulière. Comment fabriquer un four pour y cuire un mât recollé long de vingt-six mètres cinquante ? C'est impossible. Sur l'île Stewart – avec un nom pareil, on est déjà dans l'avion – le mot

« impossible » ne peut pas s'écrire. Le stylo se transforme en ampoule. L'ampoule chauffe un nid de couvertures de survie et… Mais nous verrons ça demain, il faut dormir maintenant.

Yves Parlier est ingénieur de formation. Aussi, messieurs les industriels, si vous avez un jour besoin d'écrire un mode d'emploi pour un de vos produits qui fonctionne plus ou moins bien, j'ai votre homme. À France Télévisions comme ailleurs, personne ne résiste à une telle précision descriptive, pas même vous, monsieur le président. Nous étions tous devenus les enfants de son île. Là-bas on joue à la marelle, car le règlement du Vendée Globe est impératif : celui qui ira gambader au-dessus du niveau des plus hautes eaux sera éliminé. Une source d'eau douce et fraîche s'écoule à la limite fatidique. Sur notre radeau de bidons, propulsés par une pagaie bricolée avec une latte de grand-voile, nous allons transporter de grandes moules. Les ballasts du grand voilier deviendront des viviers pour ces coquillages que nous mangerons au retour.

Dix jours d'une ténacité et d'un courage absolus. Dix jours d'une campagne de communication romanesque, qui peut servir de référence au monde du marketing ou de la politique. Le mât érigé de nouveau lui permet de repartir sans avoir abandonné la course. Cette fois il mangera des algues et… Mais nous verrons ça demain… revenons à Bertrand. Il a trouvé le mât de Francis Joyon à louer, mais l'autre ?

On s'est retrouvé à un moment sans personne pour réparer notre mât. On a fait le tour de tous les chantiers en France. Personne n'avait le temps de faire ça. Un seul chantier semblait intéressé par cette réparation. Mais finalement, il cherchait plutôt à nous vendre un mât défectueux qu'il avait sur les bras. À cette époque, Belgacom *venait de démâter. J'ai tout de suite senti que nous étions en concurrence pour trouver des solutions pour ce Grand Prix de Lorient. Je n'ai pas voulu surenchérir, et par la suite ce chantier a estimé que la réparation était irréalisable. Finalement, c'est un chantier anglais qui a pris en charge la réparation.*

Philippe Godefroy a trouvé cette entreprise. C'est drôle, les choses se rejoignent petit à petit, tout doucement. Philippe, on l'appelle Fifi, était venu me rejoindre à Ushuaia, il y a cinq ans avec Titou et Jérôme Boyer, comme spécialiste des réparations acrobatiques, à l'époque de mes ennuis dans le Vendée Globe. Philippe nous a dit : « Tiens, j'ai commencé ma carrière en collant des trucs chez Wesley à Bristol, un type très fort, qui aura peut-être envie… » Quelques jours après, le patron venait ausculter le mât à Lorient.

Il était quinze heures quand il m'a dit : « Bon, on va faire les antiquaires, on revient tout à l'heure ». Il était avec sa femme. « On sera de retour à dix-huit heures pour te donner la réponse. » C'était sympa, mais quand même un peu décalé. Dans cette histoire, il y a sans arrêt des décalages. Ne serait-ce que dans la somme que me demandaient les autres chantiers pour la réparation. Certains me demandaient un million de francs, cent cinquante mille euros.

« Je vais voir les antiquaires avec ma femme, on va réfléchir. » Comme s'il allait réparer une planche, une table, une boîte. À l'heure dite, il me donnait sa réponse et c'était oui. « Voilà comment on va fonctionner, j'ai appelé tout le monde, mon père va venir chercher le mât dans une semaine. »

Le père de Wesley est venu chercher le mât en deux fois avec sa voiture et une remorque depuis Bristol. Deux voyages avec des morceaux de quinze mètres… Il devait avoir repéré les jours de fermeture des antiquaires !

Fier, le bout de carbone. Sabre géant, il affiche de belles mensurations : trente mètres pour une largeur de quatre-vingts centimètres. Ajoutez à cela cette forme recherchée d'aile de planeur laissant supposer que la perfection est toute proche, et l'on perd toute méfiance vis-à-vis de cet outil plein de traîtrise. C'est d'ailleurs précisément cette forme et cette taille qui rendent ses plaisanteries redoutables. Une fois la grand-voile affalée, il reste toujours une vingtaine de mètres carrés exposés au vent. La surface de deux belles affiches, qui restent là-haut à flirter avec la brise.

Par une belle fin d'après-midi, nous rentrions à Sainte-Marine sur un de ces prodigieux multicoques de soixante pieds. J'étais invité à bord. Conscient du privilège, je savourais ce baptême, évitant scrupuleusement toute intervention ou commentaire. Bertrand, à la barre, partageait son plaisir avec un équipage de copains qui affectaient de connaître juste assez l'engin pour goûter encore ses performances. Manœuvre d'appontement, grand-voile affalée, moteur d'appoint démarré, le large dernier virage qui nous menait au ponton n'aurait dû être qu'une formalité.

Mais voilà, le moteur cale. Banal. Mais voilà, une rafale violente bouscule le mât-aile et son irréductible surface, moins banal. Et nous voilà amorçant sans autre choix une remontée de la rivière l'Odet, seule route possible, à une vitesse parfaitement illicite, poussés par la seule surface du mât sans un mètre carré de toile.

Aujourd'hui encore j'ai le souvenir net du sentiment d'impuissance qui régnait à bord. Cette rivière dont les berges se rapprochent, se resserrent à la mesure de notre vitesse qui augmente toujours. Les sites les plus remarquables qui disparaissent en un éclair. Le petit ponton de bois d'Éric Tabarly où séjournait parfois *Pen Duick VI*. Le Siège de l'Évêque, rocher que cherchent désespérément chaque été les touristes, comme moi d'ailleurs. C'est pourquoi, si j'ai un doute pour localiser l'Évêque, je n'en ai aucun en ce qui concerne les boucles serrées de la rivière un peu plus en amont qui se rapprochent rapidement. « Vire-Courts », les bien nommés : tout l'équipage devine le défi très peu accessible. On ne passera jamais là-dedans.

À cette époque lointaine, les téléphones portables étaient encore rares, lourds et chers. Pour Bertrand, la situation prenait une tournure préoccupante. Il refusa néanmoins de renoncer aux convenances. Il cherchait à joindre un ami, propriétaire d'un gros Zodiac qui, partant de Sainte-Marine, aurait encore le temps de nous préserver du désastre.

L'ami était absent. Son épouse nous donna un autre numéro. Bertrand, poliment, répondit aux questions d'usage sur sa santé, s'inquiétant de la croissance des enfants avec une amabilité assez crispante pour l'équipage. Le temps s'écoulait au fil des interlocuteurs qui tous venaient de quitter l'ami en question « … il y a cinq minutes à peine ! » Aucun d'eux n'a pu suspecter, j'en suis persuadé, que la voix si calme de Bertrand provenait d'un bolide propulsé par son seul mât high-tech et une bonne brise, en plein schuss dans l'Odet.

À bord, la tension se mesurait à la croissance des plages de silence. Un peu plus loin, la rivière, très encaissée, multipliait les méandres au milieu des rhododendrons sauvages. Leur floraison, en avril probablement, doit être inoubliable. Le salut nous a croisés peu avant le lieu-dit Le Saut de la Pucelle.

Un pêcheur descendait la rivière. Avec une retenue toute bigoudène, il proposa une remorque qui, éventuellement, ne nous dérangerait peut-être pas. À bord, pour ne vexer personne, c'est le plus jeune et le plus inexpérimenté qui lança le «Pourquoi pas?» salvateur. Demi-tour spectaculaire et fin du slalom géant. Des gamins du coin qui tournaient mal comme ça, ce pêcheur-là avait dû en croiser déjà quelques-uns.

Pourtant, les rivières sont quelquefois bienveillantes avec les mâts-ailes. Suite de la réparation anglaise.

On avait prévu de monter à Bristol après la course des Phares, mais la course a été reportée d'une semaine. On en a profité, on a pris le ferry avec Ian Jameson, mon second, et Christophe Castagne, un journaliste, et nous voilà tous les trois à Bristol. Le patron nous avait trouvé un endroit superbe, un petit manoir pour nous loger au bord de la mer. Il nous avait guidés par téléphone jusqu'à son adresse au bord de la rivière. Je pensais trouver un gros chantier de haute technologie. Mais à l'arrivée, il n'y avait rien là qu'une péniche. C'est en se penchant qu'on a aperçu le mât, au fond.

J'ai vu que le boulot était bien fait. C'était un procédé tout à fait classique, pas de matériaux sophistiqués, de pré-imprégné, rien de cuit au four. Quand il pleut, on bâche simplement la péniche. Et finalement, les délais ont été respectés. Après un mois et demi de travaux, le mât était prêt. Ensuite on est reparti à nouveau dans une spirale de boulot complètement folle, pour remâter dans les temps, sans tout tester vraiment, pour faire le Grand Prix de Zeebrugge et de nouveau finir épuisés avec zéro virgule deux points.

En fait, le jeu, depuis que je navigue, c'est un peu ça: essayer sans cesse de trouver des trucs pour s'amuser. Au bout du compte, c'est un jeu, donner un peu de plaisir aux gens, un peu de plaisir au sponsor et puis voilà. Après, ça coûte, ça coûte pas, ce n'est pas très grave.

XIV

Procédures par élimination

Bateau : *Banque Covefi*
Type : 60 pieds open
Lieu : Atlantique
Occasion : à saisir
Course : course des Phares
Année : juin 2002

Paris, la ruelle est étroite, les ébénistes ont disparu. Les odeurs de bois et de vernis se sont dissipées. Que l'on soit une célébrité de la télévision ou du pouvoir, croiser par hasard un confrère dans ce coin de Paris est devenu aujourd'hui parfaitement convenable. Le métro, avant de replonger vers le Marais et l'Hôtel de Ville, s'aère précipitamment au-dessus du port de l'Arsenal. Pour les marins venus tenter de monnayer le récit de leurs aventures, c'est bien le dernier port avant l'épreuve. La rédaction d'un des principaux mensuels consacrés à la voile se trouve là, à droite dans la ruelle.

Une double porte vitrée donne sur des monceaux d'invendus. Le pigiste en visite est prié de déchiffrer et de mémoriser le message. Un pas après le seuil, de derrière l'explicite encombrement, surgit une hôtesse. Souriante, elle s'inquiète de votre destination en repoussant toute idée d'escale. Itinéraire unique, hors du local à poubelle et de la réserve, une seule voie subsiste : l'escalier.

En général, à cet endroit, me rattrape l'irritante sensation d'avoir brusquement des écailles, je suis privé de toute marche arrière. Je suis déjà trop engagé, c'est trop tard. J'aurais pu continuer dans la ruelle vers une des récentes galeries de peinture, j'aurais dû fuir le quartier, me procurer des revenus en vendant à crédit des encyclopédies, des aspirateurs au comptant, des armes au noir, éviter à tout prix d'avoir à défendre devant ce rédacteur en chef un projet d'article.

Seulement voilà, l'hôtesse m'a souri, et j'ai embouqué l'escalier. Lui aussi recèle sa part de perfidie. Tant de photographes réputés ont fréquenté l'endroit qu'au moment du choix de la décoration il n'a pas dû être simple de ne froisser personne. Seul un « incontestable » pouvait signer les photos balisant l'itinéraire du visiteur. L'œuvre de Beken, gage de tradition et garant du bon goût, fut donc retenue pour l'accrochage dans la cage. C'était vite oublier que les marches de l'escalier circulaire, toutes balancées qu'elles soient, manquent un peu de largeur vers le noyau. Le nez de marche a une tendance accrocheuse et la chute guette. La prudence impose de rester courbé, à surveiller la trajectoire de ses pieds. Adieu donc toute contemplation des œuvres du maître. La photographie présente parfois un danger physique après sa prise de vue, mais inutile d'en faire une théorie, c'est un cas très rare.

À chacune de mes tentatives pour caser une photo ou un article, les mêmes sueurs réapparaissaient. Cet après-midi-là, tout est normal, je suis anxieux, et rassuré par mes inquiétudes. Je tiens pourtant une idée de reportage, astucieuse et fraîche. Une idée qui devrait normalement résister à l'indifférence de mise dans ces bureaux. Mes appréhensions, ordinairement, tendent à affadir les couleurs du décor qui m'entoure. C'est dans un cadre noir et blanc que je parcours le long couloir, en proie aux fantasmes extravagants qui accompagnent fréquemment mes démarches professionnelles. Je progresse en rasant les parois du couloir, persuadé d'y flairer les effluves écœurants d'un certain cigare, convaincu de me trouver, la prochaine porte franchie, face au Citizen Kane local, ombre massive parmi les volutes.

Le rédacteur en chef. Je l'imagine hurlant à ma vue, ébranlé à chaque inversion des rotations sèches qu'il impose à son siège présidentiel. Je le vois déjà jurant qu'il tient le responsable du gâchis qui bloque l'entrée du hall d'accueil. Si les vrais talents ne trouvent plus l'accès de son bureau, c'est par ma faute. Encadrant le maître, deux adjoints plus flous en arrière-plan composent religieusement la maquette du prochain numéro. Dans cette crèche je fais le bœuf, hochant la tête lentement, évitant toute expression, scrutant la fin de la fureur du maître. Mon projet d'article ne vaut rien ou si peu. Voilà ce qu'il en donne, et théâtral il me jette à la figure une invitation périmée au Salon nautique. En apnée, je quitte mes hallucinations pour pousser la porte entrebâillée de la rédaction.

Jour béni, mon idée fut retenue, de justesse comme l'impose la bienséance hiérarchique. Mes divagations demeurèrent donc virtuelles. En ressortant, je croisai l'hôtesse. Cette fois j'étais Blériot, et si je me suis abstenu de traverser la place de la Bastille en vol, c'est uniquement parce que cela ne correspondait pas à l'esprit de mon projet.

Pour la presse spécialiste de voile, les grandes courses engendrent des numéros épais, et la régate a lieu essentiellement avant le départ. Le mois suivant, une page ou deux suffisent à honorer le vainqueur, là où une centaine ne parvenaient pas à exposer tous les enjeux du futur événement. Les annonceurs choisissent singulièrement ce mois pour tenter d'audacieuses campagnes dans ces supports qu'ils ne fréquentent pas d'ordinaire. Pleine page pour le déodorant du skipper solitaire, les magasins du roi du bricolage, ou la crêpe qui ne se retourne jamais. Le numéro spécial « Route du Rhum » regorge de fiches à l'esprit formulaire d'état civil et au format recette de cuisine. Indispensables pour parvenir à identifier des bateaux qui ont déjà accumulé trois ou quatre noms différents, elles ont tendance à freiner les rêveries aventureuses. La nouvelle édition de la Route du Rhum approchait, je savais les rédactions à l'affût du nouvel angle, une astuce qui leur donnerait une avance sur la concurrence.

Mon projet avait séduit, et j'oubliais dans mon euphorie de m'expliquer pourquoi. Le mystère ne devait pas être si profond. Faire admettre ma transformation en une espèce de caméra de surveillance insensible n'avait rien de raisonnable. L'approbation du rédacteur provenait vraisemblablement de son plaisir à me voir patauger.

Je me trouvais très malin à l'exposé de mon théorème : « Le navigateur solitaire ne saurait être décrit que par lui-même ». Connaître les pratiques d'un tel coureur suppose donc l'absence de témoin, tout observateur lui ôtant d'évidence sa qualité de solitaire. Face à mon chef rédacteur, je m'engageais en conséquence à me rendre inexistant. Je compris à l'instant qu'il me croyait sans difficulté. J'ai aussitôt promis, juré tant et plus.

Je ferais mille milles sans un mot, promis. Je me calerais sans un geste sur l'un des trimarans de la Route du Rhum, je ne toucherais à rien, promis. Je regarde en silence et c'est tout. Je deviens un lest immobile. Oui, pendant deux jours, plus ? Bon, mettons trois. Je ne fais rien, juré, non, non, pas même le café. Oui, un trimaran. Très fragile et très dangereux. Je n'ai pas lésiné sur les promesses. J'observe et j'enregistre, oui, comme un appareil photo. C'est exactement ça.

L'un de ces serments : « m'engager à ne rien dire » relevait de la plus évidente mauvaise foi. Une demi-heure à peine après notre appareillage, Bertrand me racontait l'histoire de sa course des Phares. Nous étions deux à bord du trimaran *Banque Covefi*, plongés dans le registre « curiosités du sort » pour un moment.

Vu l'état du bateau, j'avais des difficultés à recruter un équipage très professionnel. Prudemment, le gratin des équipiers évite les bateaux les plus lents. Avec un mât plus court d'un mètre cinquante – celui que Francis Joyon nous avait loué après notre démâtage – des voiles retaillées et un ris permanent dans la grand-voile nos adversaires ne tremblaient pas. J'étais assez peu sollicité par les équipiers les plus réputés. Nos ambitions restaient modestes.

Nous étions onze multicoques dans cette course des Phares. C'était un beau parcours, assez long, départ Calais, ensuite une bouée devant La Corogne, puis route vers Lisbonne, une bouée à virer sous le pont de ferraille dans le Tage, au nord vers le Fastnet, et retour à Calais.

Le départ de la course a été retardé d'une semaine, le mauvais temps persistait. Ce report nous a permis de roder la cohésion d'un équipage qui recherchait avant tout le plaisir de naviguer. Nous avons eu ces jours-là l'occasion de sortir dans la brise, et le matériel semblait résister assez bien. L'objectif de finir la course nous semblait envisageable. C'était une bonne équipe, Steven Jourdain, Pierre-Yves Collet, Ian Jameson, Olivier Jimmig et Christophe Castagne. Six c'était beaucoup trop, mais on n'attendait rien de cette course, on espérait uniquement la finir. C'était un plaisir de pouvoir faire naviguer des gars qui avaient donné beaucoup d'énergie pour nous sortir des épisodes de poisse qui s'étaient multipliés ces derniers temps.

Départ au près avec un vent de trente-cinq nœuds, les premiers ont vite disparu. Lalou Roucayrol avait eu des ennuis durant le convoyage jusqu'à Calais, et Banque Populaire *n'était pas au départ. Christophe Castagne était chargé de la rédaction des brèves, de petits messages qu'il faisait parvenir aux sponsors par standard C. Il a dû en envoyer un dès le départ. « Dix bateaux ont coupé la ligne. » À tirer des bords en Manche, la première nuit on n'a pas manqué d'occupation. Au matin, heureux, nous avions réussi à tenir le rythme des derniers.* Sopra *n'était pas loin. L'humeur du bord était légère, nous avions choisi les bons bords.*

Petit matin au large de Cherbourg, au près, puis dans l'aprèsmidi, le vent ouvre un peu, et nous permet de progresser vers Perros-Guirrec, virement puis route sur l'île Vierge. Sopra *dépassé, Karine Fauconnier était juste devant nous. Le vent forcit brusquement, notre sous-toilage obligatoire nous arrangeait bien. Nous étions assez heureux de notre position. C'est à ce moment-là que j'ai entendu distinctement un bruit sec, comme une petite explosion au loin. Quelque chose venait de casser sur* Sergio Tacchini. *Le bateau de Karine s'est aussitôt arrêté. Nous étions dressés sur un flotteur lorsque nous les avons dépassés. Ils affalaient la grand-voile. Leur course était terminée, ils abandonnaient. Christophe a dû envoyer un message du genre : « Pas derniers, neuf bateaux encore en compétition dans la course des Phares ».*

On devait laisser Ouessant à bâbord. Gilles Martin-Raget a pris dans l'après-midi une photo qui allait devenir bien plus célèbre que la course, dans un endroit où ça creuse souvent. À l'instant de cette photo, Fujicolor *passait la pointe de Porz Doun, la deuxième pointe d'Ouessant après le Créac'h. En fin d'après-midi il y avait encore pas mal d'air, et surtout ce vent contre courant. Nous sommes passés à la toute fin du jour, avec un vent faible, une mer plate, et plus d'hélico.*

Qui n'a pas croisé cette photo ? Une lumière acidulée, la mer qui vire au vert tendre éclairé par l'écume. Le trimaran *Fuji* s'enfonce vers un embryon de bouche, bien verticale, une lèvre gercée d'écume lui barre le passage. Ce n'est plus tout à fait la mer, il s'agit plutôt d'une étrangeté, une région inconnue de l'océan. De cette gueule, des fumerolles, des embruns viennent enfumer l'horizon en exhalant, on l'imagine, des relents de varech ramenés des profondeurs.

Une réussite photographique totale. Je la revoyais en écoutant Bertrand. Elle se trouvait partout, on la croisait sur tant de couvertures de magazines, et bien au-delà. En fond d'écrans, sur les tapis de souris, l'océan effrayant version promotion, la mer à toutes les sauces. Elle parvenait pourtant à faire oublier avec élégance sa fonction publicitaire. Les films argentiques, toutes marques confondues, allaient disparaître, et l'on peut comprendre l'urgence du photographe à leur rendre cet hommage. Au milieu de tant de vert, le logo rouge de la marque plein cadre sur la grand-voile paraissait un peu agressif, et paradoxalement très numérique. Le bijou de Gilles Martin-Raget ne laissait aucune équivoque sur sa valeur. Lui, pour cette fois, n'avait pas dû connaître la traditionnelle séance d'élimination des « Ektas » à laquelle je n'avais pu échapper pour défendre mon projet.

Tous les photographes ont connu l'épreuve. Pour avoir une chance de les voir publiées, il fallait exhiber ses petites diapositives – ses « Ektas » – sur une vaste table lumineuse. Les écrans d'ordinateur ont aujourd'hui aboli le rite, et ces dépolis encore allumés ne fournissent plus qu'un éclairage d'ambiance un peu nostalgique dans les agences et les rédactions. Il fallait les sortir par petits lots, les étaler au plus vite sur leur bonne face, parfois les accoler par thème lorsque le temps vous était laissé.

Dans ce jeu de cache-cache, une des astuces de la rédaction consistait à laisser traîner sur la table une série d'images sublimes, en général des duplicatas. D'anciennes photos parfois, que la rédaction avait négligé de restituer après publication et qui trouvaient là, à l'insu de leurs auteurs, une nouvelle fonction à peu de frais. La proximité de ces merveilles permettait au photographe de prendre conscience tout en douceur de sa propre nullité. Le refus du rédacteur s'en trouvait facilité. Cet éclairage uniforme qui venait du dessous nous faisait des têtes patibulaires, c'était la seule réjouissance comique de la situation. L'air mafieux que prenait la tête de l'examinateur offrait une petite vengeance à sa victime.

Repoussés par lignes entières les « Ektas » finissaient en bordure du verre dépoli, où ils disparaissaient dans l'ombre en se chevauchant. Le photographe n'était pas toujours sans défense, la tactique du petit tas de rebuts obtenait d'assez bons résultats. À la fin de la période d'étalage, il s'agissait d'aligner un lot d'images assez ternes, une pile rajoutée à contrecœur, faute de mieux. Il fallait donner l'impression d'un reste venu compenser par le nombre la faiblesse de la présentation. Mais, dissimulée au milieu du groupe, se cachait la perle, celle qui possédait toutes les chances, la plus vendable. La leçon du rédac'chef ne traînait pas, sans son coup d'œil légendaire la petite serait passée à la trappe. Il la découvrait bruyamment, la faisait sienne, en devenait en quelque sorte l'auteur. Lui seul avait su la sauver de l'anonymat alors qu'elle avait échappé à tous. Sans lui, que serait-elle devenue ?

Deux, trois images, quatre plus rarement et faute de mieux, résistaient aux sélections successives. Quand elles étaient regroupées, étalées offertes au choix, le maître sortait la grosse loupe. Et quelle loupe ! Elle le distinguait du pékin moyen, optique allemande, fût noir mat, c'était son bâton de maréchal. Il en craignait la perte, mais surtout le vol ; aussi n'extrayait-il de son tiroir le bel instrument qu'au moment du sacrifice final.

Les diapositives originales couchées sur le verre, le moment du coup de loupe arrivait. Je n'ai jamais compris ce qui poussait les rédacteurs à frapper, aussi sèchement les caches des « Ektas » quand la loupe venait les couvrir. Le bruit semblait leur plaire. Je détestais ce claquement, mes originaux me paraissaient en péril à chaque séance. Durant l'examen, la pupille du juge face à l'œilleton se trouvait illuminée par la table lumineuse. Il fallait rester vigilant à ne pas prendre ce phénomène pour de l'enthousiasme.

La loupe recouvrait chaque « Ekta » quelques secondes, puis changeait de cible, sans ordre apparent. Après quelques hésitations, les derniers refus étaient réglés. Il arrivait que le rédacteur en chef me consulte du regard, comme pour s'assurer que mon intuition était bien la mauvaise. La partie de bonneteau avait désigné une image inattendue. Pour cette fois, c'était sans grande importance. Bertrand poursuivait son récit entre deux manœuvres. Nous progressions vers les ennuis, j'écoutais.

Nouvelle nuit avant de rejoindre Groix, vent vingt-cinq nœuds, et une visibilité très faible. Brusquement, Belgacom *apparaît, tout proche. Il sort de dessous la grand-voile et croise notre route. Par radio, en VHF, j'appelle Nélias qui m'annonce qu'il rejoint Port-la-Forêt, problème de grand-voile et de mât. Les nouvelles de la course nous incitaient plutôt au calme. Nous avons fait le petit aller-retour Groix – Belle-Île – Yeu spécifié par les instructions de course, prudemment, un ris trinquette.*

On laisse Belle-Île à bâbord, et direction l'Espagne. Seulement renoncer à la vitesse avec un multicoque en état n'est jamais très simple en équipage, particulièrement si l'ambiance porte à l'optimisme. La mer était formée et, depuis l'intérieur, j'entendais le bateau cogner de plus en plus fort. J'ai dû casser l'ambiance brutalement, et Ian qui barrait n'a pas trop apprécié que je lui demande de prendre un ris et vite. Nous étions sur le flotteur à bloc, et me voilà qui arrive en affirmant qu'on n'est pas pressé, c'est bien sûr refroidissant. Au même moment, les infos de la course nous apprenaient l'abandon de Bayer. *La diversion m'arrangeait. Avec cette réduction de voilure, on perdait en vitesse, un nœud peut être, mais quelle douceur ! Le bateau obéissait avec deux doigts sur la barre. Nouveau message de Christophe : « Sept bateaux en route dans la course des Phares, tout va bien à bord ».*

Dans la soirée, nouvel abandon annoncé – Groupama. *Il avait dû probablement forcer la machine pour rattraper son retard. Cette fois, Christophe dormait, pas de message. Le calme revenait, douze nœuds. Descente vers l'Espagne. Nous n'étions que deux ou trois à pouvoir barrer, pourtant nos nuits étaient agréables, on dormait tous.*

Le lendemain, pétole, impeccable : soleil, gennaker et grand-voile haute ou presque. Entre la réduction obligatoire pour garder à la voile trop grande un aspect présentable et le mât à l'ancienne, nous avions un handicap d'environ dix pour cent de vitesse. Mais au près par petit temps, nous perdions jusqu'à deux nœuds. Nous approchions de La Corogne. C'était l'heure des contacts radio, Christophe s'apprêtait à envoyer son résumé quotidien à notre commanditaire, la banque Covefi. À cet instant, Marc Guillemot démâte alors qu'il venait d'enrouler la marque, une bouée près de la tour d'Hercule à La Corogne. Nouveau message de Christophe : « Quatre bateaux encore en route dans la course des Phares, moral au beau».

Philippe Monnet sur son Sopra Group *devait réparer lui aussi. La course prenait une curieuse allure, au tiers du parcours ne restaient que quatre bateaux en route sur les onze inscrits. Nous avions pratiquement une journée de retard sur le premier. C'étaient des conditions d'été, douceur dans les alizés portugais, notre moyenne devenait très raisonnable. La météo incitait à la modération. L'objectif initial était maintenu : finir, juste finir.*

Nous devions remonter le Tage jusqu'à une bouée à laisser à tribord, derrière le grand pont de fer. Nous étions contents de notre sort, toujours sur le plan d'eau, derniers mais quatrièmes, un bateau en état. La nuit s'annonçait paisible. Nous suivions les infos de la course qui commentaient les passages à la marque. Premier à passer la bouée Fujicolor, *deuxième* Bonduelle, *et* Foncia *attendu quelques minutes plus tard. Christophe entamait son résumé quotidien. Nous étions encore à deux cent quatre-vingts milles de Lisbonne, et peu importait que la course en tête se fasse loin de nous. Seulement,* Foncia *n'a jamais passé la marque. En cherchant à reprendre sur les deux premiers, il a choisi de couper court, un peu court dans le Tage à quinze nœuds, dérive basse. Il a talonné dans les cailloux et sérieusement endommagé le puits de dérive. Abandon. Christophe a dû modifier son texte : «* Banque Covefi, *troisième, trois bateaux toujours en route dans la course des Phares ».*

Initialement, nous partions surtout en entraînement, en vue de la Route du Rhum. Deux mille cinq cents milles, à barrer le bateau, affiner des repères de réglage, vérifier les charges de batteries, s'accoutumer à la nouvelle électronique ; on pouvait trouver un moment pour rechercher les bons choix et l'équilibre général du bateau. Faire plaisir à tous ceux qui avaient travaillé à terre en leur donnant l'occasion de manœuvrer et ramener le bateau, c'étaient nos seules prétentions.

On n'a pas pu retenir un instant de jubilation. L'ambiance, de plutôt sereine, virait franchement à la fête. Se retrouver potentiellement sur le podium avec un bateau handicapé n'avait rien à voir avec le programme initial, surtout après une telle hécatombe. L'objectif premier restait pourtant à remplir : finir. Mais cette fois, il s'agissait aussi d'éviter le hors-temps. D'après le règlement, un retard supérieur à trois jours sur le premier entraînait une disqualification d'office.

La partie du parcours à venir était nettement moins drôle, remonter au près vers l'Irlande. Pour assurer le coup, on a tiré un long bord de plus de quatre cents milles vers le large tribord amures. Avec des creux d'un mètre cinquante de travers et une moyenne de vingt à vingt-deux nœuds, c'était un bonheur finalement. Au petit matin, on passait le Fastnet. La journée qui s'annonçait avait tout d'un privilège. Nous n'avions qu'une journée et demie de retard. En envoyant le gennaker, le soleil est apparu. Les deux premiers étaient bien loin devant.

Aucune pétole en vue, nous avons opté pour la balade rapide. Le vent s'est maintenu entre vingt-cinq et trente nœuds toute la journée. Nous étions le matin en Irlande et le soir vers Plymouth. En longeant la côte sous un ciel que la mer d'Irlande ne voit jamais, bleu. Ces bateaux-là deviennent parfois – rarement – vraiment luxueux. Faire un podium sans se presser dans un paysage pareil laisse un solide souvenir.

Nous étions deux en apparence sur ce bateau de solitaire. Mais mon stratagème, ce scénario de l'absent, montage un peu puéril de l'observateur transparent, tournait court. Si dans le bureau du rédacteur en chef, j'avais l'ambition sincère de découvrir comment un coureur survivait en course sur ces multicoques, une fois sur l'eau, la nécessité de voir le phénomène d'aussi près me paraissait moins impérieuse. Je n'apprendrais presque rien, c'était entendu dès les premiers milles. Mes inquiétudes suffiraient sans peine à fournir la matière de l'article. Cet objectif-là était atteint. L'authenticité de ma trouille garantissait à mon article un certain intérêt, mais ne suffisait cependant pas à justifier ma présence dans cette tourmente.

Nous sommes partis trois jours, sur ce trimaran. Mais pour l'observer je m'étais beaucoup trop rapproché du sujet, si bien que certains détails prenaient une importance excessive. Cette plate-forme avec ses trois coques par exemple, qui nous servait d'appui pour nous maintenir au-dessus de l'eau lorsque nous tentions de nous extraire du confinement de la torpille centrale. Constituée d'éléments trop nombreux, souvent hétéroclites : des filets, des poulies, du titane, du carbone, du cuir, des instruments électroniques, des antennes et des vide-vite, elle paraissait plus en harmonie avec la dislocation et le chaos qu'avec son assemblage du moment. Elle choisirait d'évidence la première occasion pour se désintégrer et retrouver son état originel. Ce sursis avant destruction se prolongerait-il jusqu'à nous permettre un retour ? Un trimaran de soixante pieds version Route du Rhum, en marche avant et à son allure courante, n'est en rien adapté à ce genre de méditation.

Il m'aurait fallu prendre de la distance avec mon sujet, alors que je ne cessais de mettre en cause de petites choses, des choix architecturaux entre autres. Ainsi, la première nuit, je m'efforçai de comprendre pourquoi avoir choisi de construire ces multiples coques si près du niveau moyen de l'eau. N'y a-t-il pas une certaine complaisance à qualifier cette ligne, que l'on entrevoit parfois sous la vague en route vers les fonds, de « ligne de flottaison » ? L'eau ne respecte pas ce trait-là, on la trouve bien au-delà. Et je n'aurais d'ailleurs jamais imaginé à quel point l'air était rare à trente nœuds. Sur ces bateaux, c'est le dos qui travaille. Il doit s'opposer au flux continu d'embruns, c'est lui qui a la charge de la production d'air. Si le dos parvient à endiguer le flot, une dépression de la taille d'un bol se creuse assez vite en arrière de la capuche de ciré. Elle reste toutefois instable.

Le second jour de notre expérience, alors que nous progressions très vite on ne savait trop vers où, j'ai enfin saisi le paradoxe de notre histoire. À vouloir observer les mœurs d'un navigateur solitaire, j'étais réduit moi-même à l'isolement. Avec une différence importante entre lui et moi : je n'avais pas de bateau. Il était chez lui, sautillant sur les filets, pour rejoindre la coque au vent, là où je me traînais, agrippé des quatre pattes. Il se bagarrait contre des quantités de choses récalcitrantes, alors que face au chaos j'étais condamné au fatalisme.

Je n'avais pas de bateau, ou alors si étroit qu'il se trouvait réduit au volume de ma capuche de ciré. Forme ultime d'habitat, dernière cellule, la plus impartageable, la plus intime, elle ne m'encourageait pas à développer une doctrine sur l'épanouissement des navigations en solitaire, face aux vastes horizons. Entre deux lampées d'oxygène salé, on y marmonne contre les parois du ciré. Faute de gouttières, une certaine partie des ruissellements parvient à franchir les barrages de velcro pour suivre d'imprévisibles sentiers jusqu'à vos intimités encore sèches. Dans ces conditions, l'activité intellectuelle se limite parfois à une sorte de supplique pour que tout cela cesse, ou tout du moins que les parois de votre cellule gardent leur étanchéité jusqu'au retour du beau temps. Une des formes de beau temps, sur un trimaran de course – mais ils sont pratiquement tous de course – c'est la brume.

La brume est merveilleuse, c'est le drap blanc jeté sur la machine qui met fin au spectacle. Tout s'arrête, le vent, les bruits, les frayeurs, c'est une forme lumineuse de soulagement. Ce matin-là, je me délectais de cette brume. Bertrand profitait de la trêve pour dormir. Nous progressions de quelques nœuds, sous pilote automatique, en silence. Je n'allais quand même pas gâcher tant de félicité en imaginant qu'à la moindre risée, grand-voile haute, notre embarcation n'hésiterait pas à nous projeter à nouveau dans l'enfer des trente nœuds. Voilà un moyen de repousser ces idées paranoïaques : un vrai café. Un café, et pourquoi pas un petit déjeuner complet, nouvelle journée, nouvelle ambiance, c'était de ma partie.

La décoration intérieure du bolide reflétait l'état d'esprit des financeurs, l'engin devait pouvoir changer de chauffeur, après un état des lieux sommaire et sans trop de frais. Pas de débauche d'électronique, ni d'accumulation à la manière des cockpits de jets. Au vu des percements qui subsistaient dans les parois, quelques expériences infructueuses et sans suite avaient laissé des vides, quelques câblages superflus et peu d'illusions. Bertrand avait préféré se fier aux vieilles recettes. Ainsi, la météo arrivait à bord sur un Defax. Une mécanique qui crachait régulièrement des cartes sur un papier à impression thermique très fin, rustique mais plus agréable qu'un écran pour les annotations. La mer était calme, nous approchions du rail des cargos qui règle le passage du cap Finisterre. Le bateau ne progressait presque plus. L'eau chauffait sur le réchaud à gaz, tout était paisible en attaquant le café.

Inexplicablement, j'avais l'impression d'être observé. Pour vérifier l'absurdité de ce pressentiment, je m'aventurai sur les filets pour entamer un discret tour de ronde. Conscient du ridicule de ma quête, je fouillais les blancheurs de la brume, cherchant la preuve de notre solitude. L'eau allait bouillir, la bouilloire sifflerait, mieux valait ne réveiller personne, surtout pas de cette manière. J'abandonnai mes recherches, pas mécontent qu'elles restent secrètes. Quinze mètres de cachalot, pas moins, juste à mes pieds, m'avaient échappé.

L'animal m'a fasciné un long moment. Comment lui trouver une place dans mon article ? Un titre, peut-être : « Le flegme du cachalot », pourquoi pas ? Ce cétacé m'encombrait, bien trop gros pour être vrai, il en devenait incasable et discréditait le récit. Et puis que faire en cas de présence d'un cachalot ? Y a-t-il un danger ? Doit-on réveiller le capitaine ? L'animal n'en profitera-t-il pas pour disparaître ? C'est très gros, un cachalot.

Immobile, en contemplation, j'en étais à ce stade d'analyse de la situation quand les premiers sifflements de la bouilloire me sont parvenus. Je me suis précipité à l'entrée de la descente. La deuxième séquence de cette matinée était stupéfiante. Une carte météo, échappée du récepteur et emportée par la légèreté de son papier, s'était rapprochée en planant de la bouilloire. En l'effleurant elle s'était embrasée puis, aspirée par l'ascendance du réchaud, elle avait traversé le carré en flammes, et se trouvait à cet instant précis juste au-dessus de la tête de Bertrand. L'ambiance en a pris un coup. Un instant comme celui-là, réveil par sifflement, début d'incendie et passager fébrile devant un cachalot, représente un seuil de résistance à l'exaspération. La question de la bonne humeur étant résolue pour un moment, je retournai dans ma capuche.

Du fond de mon abri de vinyle, mes certitudes sur la valeur des exploits maritimes en solitaire tendaient à se fragiliser. Mon scepticisme trouvait probablement sa source dans l'échec de ma préparation silencieuse du café. J'étais sanctionné de mes balourdises par une rupture totale de communication au sein de l'équipage. Le vent nous avait laissés en paix durant la période embrumée de la matinée, mais reprenait maintenant un ton agressif. À l'encoignure du bras de liaison et du flotteur, j'avais trouvé un petit volume de réclusion, un peu épargné par les rafales d'embruns. J'étais cette fois face à ce que j'étais venu chercher : la solitude en milieu hostile. J'allais enfin comprendre notre attirance et notre admiration pour ceux qui en font un métier.

Il est indiscutablement admirable de survivre sur un tel engin, l'expérience m'en apportait la pénible conviction. Restait à découvrir les mobiles d'une telle démence, et là, je séchais. Le port obligatoire de la capuche de ciré ne facilite assurément pas la réflexion. Dans ce chaos, au beau milieu des torrents qui ressurgissent dès la vitesse de « croisière » retrouvée, je soupçonnais les rapporteurs des exploits de toutes sortes accomplies par ces héros d'avoir cédé à une forme de lyrisme un peu excessive. Les marins-pêcheurs feraient un travail abrutissant là où les coureurs au large baigneraient dans la poésie ? Je suspectais les hommes de marketing d'avoir un peu orienté la communication. S'inquiéteraient-ils de voir fleurir les stickers publicitaires sur les chalutiers ?

Et puis cette capuche prive d'optimisme. Elle vous liquide par une privation des sens. On ne sent rien ou presque, juste l'odeur de vinyle du rabat qui vient frotter le nez. On ne goûte plus rien tant les nuances de salé deviennent imperceptibles. On ne touche rien avec plaisir, on s'écoute respirer, tandis qu'en boucles étouffées les bruits de percussion des embruns se dispersent dans la fourrure polaire. La capuche est un petit monde, imperméable à tout épanouissement. C'est pourtant en partie à la capuche que je dois notre retour précipité et ma délivrance.

La vue aussi se trouve réduite. Par un champ étroit, fente horizontale entre visière et rabat, toujours à l'opposé du spectacle au vent, la tête baissée sous les trombes, il ne reste souvent à contempler qu'un premier plan. Il faut perdre ses illusions sur les vastes horizons que balayerait la tempête en poussant de gros nuages joufflus, semblables à ceux des ex-voto. Je contemplais donc, en cette fin de matinée, le plastique blanc, le gel-coat ruisselant qui à trente centimètres me servait de rempart. D'un coup de tête, travers au vent, je scrutai furtivement le barreur. Toujours boudeur, le voisin. Bertrand paraissait méfiant. Contre toute vraisemblance, je me demandais si nous ne partagions pas la même impression. Ne frisions-nous pas la démesure ?

Mais ce que me révéla à cet instant l'entrebâillement de ma capuche était si ridicule que je choisis d'abord de l'ignorer. On était parvenu dans un monde déraisonnable : le bateau bavait. Après le cachalot monstrueux et la bouilloire pyromane, je devais en prendre mon parti. Une forme de folie avait dû nous tomber dessus sans préavis. On se faisait la gueule chacun sur son flotteur, fonçant comme des déments dans la grisaille. Alors, dans ces conditions, que le bateau devienne enragé ne paraissait pas surnaturel. Avec le sel, ma vue manquait de précision. Pourtant, j'avais bien cru voir une colonne de petites bulles baveuses et incongrues qui remontaient en longeant la jonction bras-flotteur.

Je n'allais pas rompre le silence pour un fantasme. Mais, depuis ma meurtrière, je ne pouvais entrevoir que ça. Aussi, en cachette et en silence, je me suis mis à étudier ces bulles. Elles naissaient, grossissaient et disparaissaient sur un rythme irrégulier, en rapport probablement avec nos impacts dans la houle. Sur les trimarans, la coque centrale, seule habitée, est reliée aux deux flotteurs latéraux par des bras de liaison. Cet endroit de jonction rappelle un peu ce que l'aine est à la jambe. C'est là que je l'ai découverte. Au plus profond du pli, elle était encore presque invisible. Une fissure.

Les collisions avec la houle ouvraient et refermaient la blessure. L'eau salée, aspirée puis refoulée, formait les fameuses bulles. Je tentai de regrouper mes dernières parcelles de lucidité. En vain. L'histoire devenait inénarrable. Du fond de ma capuche, je chavirai dans l'égarement. Qui pourrait croire l'histoire de ce bateau qui profitait de notre brouille pour se couper en deux en nous laissant un flotteur chacun ?

J'essayai d'adopter un ton neutre pour annoncer ma découverte à Bertrand. Comme un entraîneur habitué à la fragilité de ses champions, il ne parut même pas s'en étonner. Immédiatement, comme blasé, il annonça notre « route terre ».

XV

Théâtre des avaries

Première partie

Signes avant-coureurs

Bateau : *Banque Covefi*
Type : trimaran 60 pieds open
Lieu : Saint-Malo
Occasion : présages, augures et cuisson des pâtes
Course : Route du Rhum
Année : 2002

Une dépression stationne ces jours-ci en Lettonie, au-dessus de la mer Baltique. Au centre de la dépression, un pétrolier achève son remplissage au terminal de Ventspils. Vingt-sept hommes s'apprêtent à appareiller. La température dépasse à peine le zéro. Présage.

Je traverse, mais qu'est-ce je vais chercher ? Une petite lassitude s'était installée. Parmi les dix-huit concurrents en multicoque de cette Route du Rhum 2002, je faisais partie de ceux qui avaient la plus importante expérience en solitaire. Qu'est-ce que j'allais cher-

cher ? Une nouvelle traversée de l'Atlantique ? J'avais la sensation que je ne parviendrais pas avec ce trimaran à retrouver l'accord presque idéal que j'avais pu connaître sur Votre Nom autour du Monde. *J'étais bien à bord de ce bateau-là. Je sentais les choses. Je savais que tout irait bien.*

Dans le Vendée Globe, j'étais parti pour faire le tour du monde, pas pour gagner. J'étais libre d'écouter de la musique, d'écrire durant une petite demi-heure, suivant mes envies. J'avais l'impression d'être à l'abri, je dominais ce qui pouvait m'arriver. Je contrôlais la trajectoire du bateau, je me contrôlais aussi, c'était harmonieux. C'est pendant mon second Vendée Globe que j'ai découvert le bonheur de maîtriser un bateau. Le vent monte, vingt nœuds. Un ris est pris. Les phases de la manœuvre sont sues par cœur, les gestes rodés, c'est simple. Le bateau continue, à plat, à l'endroit, calmement. Je roule, je déroule, les enrouleurs fonctionnent bien. Lorsque les quarante nœuds arrivent, sans surprise, tout est déjà prêt. Je n'ai jamais été en retard sur une manœuvre. Et sans aller très vite je suis passé troisième des bateaux classés au cap Horn, au rythme du bateau, avec plaisir.

Samedi 9 novembre 2002, une nouvelle dépression se forme, à moins de cent milles au sud de l'Islande. Elle va faire parler d'elle. Sur la Bretagne, le vent est déjà là, il pleut régulièrement, les quinze degrés paraissent frais.

À Saint-Malo, pour cette nouvelle Route du Rhum je me suis senti très loin de l'équilibre minimum. Durant mon parcours de qualification, un cargo est passé très juste. J'appréhendais quelque chose, sans savoir vraiment quoi. J'ai toujours mené mes projets avec passion. Cette fois, les repères avaient changé. Entre l'équipe et les dirigeants de la banque qui me commanditait, il n'y avait que très peu de liens. Ils étaient arrivés à Saint-Malo la veille du départ, nous nous connaissions mal. Les budgets avaient enflé, j'avais l'impression de ne pas être assez « pilote de formule 1 » pour cette époque dans le domaine de la voile. Ce n'est peut-être pas un mal que les coureurs gagnent un peu d'argent, eux qui ont souvent préféré privilégier le budget du bateau.

Bassin Vauban, l'ondée est passée, un matelot apparaît sur la passerelle du trois-mâts. À peine deux pas sur la terre ferme et il déplie une table de camping, face à la ville, face aux remparts, manœuvre qu'il répète avec constance après chaque grain. Il s'assoit et de ses deux pieds maintient fermement les tubes d'aluminium du piétement de la table sur ce quai plutôt venteux. Sur la table des médailles militaires, plus appropriées à des poitrails de chanteurs d'opérette qu'à des treillis ensanglantés, cherchent amateur. Un lot de montres arrêtées gardent le souvenir de longitudes lointaines et se veulent plus suisses que leur vendeur, un marin russe, roux, qui pavoise devant le trois-mâts avec sa petite brocante et une expression d'inépuisable résistance. Il espère vendre sa cargaison avant une prochaine escale peut-être moins favorable. Un lot de poupées russes, mémères gigognes et grinçantes en bois de tilleul, dissimule sur la table un petit livre ancien, en français. Je suis curieux du bouquin et respectueux du travail de conservation du matelot : jamais l'ouvrage n'a reçu la moindre goutte.

Au moment de me pencher pour l'attraper, évitant de bousculer les matriochkas, je comprends trop tard que le marin ne fixe son prix qu'en estimant la fébrilité de l'éventuel acheteur. Je feuillette l'opuscule depuis moins d'une minute, lorsque sans me regarder, il m'annonce la sentence : « Tridsat iouro ». Ses mains lèvent toute ambiguïté sur ce prix en s'ouvrant en éventail et se refermant par trois fois : trente euros. Avec des précautions de pêcheur à la ligne, je remets l'ouvrage en place. Les poupées n'ont subi aucun outrage, inquiétantes visions de la maternité tout de même, ces rombières aguicheuses sous leurs couches de fausses dorures.

Essai sur les moyens de diminuer les dangers de la mer. C'est approximativement le titre de ce traité, daté du dix-neuvième siècle, que je repose sur l'étal du matelot russe. En quittant les parages du trois-mâts, je note de mémoire une phrase mystérieuse et troublante : « ...Dans un siècle aussi éclairé, je propose à l'attention particulière de mes compatriotes, comme une chose de la plus grande importance, les moyens de diminuer les dangers de la mer, en y répandant de l'huile, du goudron, ou toute autre matière flottante. Moyens presque inconnus jusqu'à présent de la plupart des physiciens, que plusieurs considèrent même comme incroyables, et qui sûrement méritent d'être examinés de plus près, leur usage éclairci par des expériences exemptes de tous préjugés, afin d'être enfin portés à un degré satisfaisant de certitude et cela non seulement par les philosophes, mais aussi par les gens de mer... »

Par avarice cette fois, j'avais négligé ce nouveau présage.

À la Sécurité sociale, j'ai souvent droit à la même question : « Je vous mets dans quoi ? "Navigateur" ? Ah non, ce n'est pas répertorié, je peux vous mettre dans "Sportif" ! » Les bateaux coûtent si cher que se retrouver dessus tient du miracle, alors les salaires passent au second plan. La voile se situe à part, à l'opposé du foot. Un footballeur de talent est très recherché jeune, puis ne vaut plus rien vers trente-quatre, trente-cinq ans. Dans la voile, à l'inverse, les plus âgés ont la meilleure cote, et les jeunes se lassent d'attendre d'avoir quarante ans pour trouver la notoriété et des budgets.

Une longue file de camping-cars s'oriente vers le cap Fréhel. Trente mille personnes vont venir piétiner la falaise. La Route du Rhum part demain. Si on oublie l'herbe humide et l'énorme embouteillage qui se forme sur cette route sans issue quelques minutes après le départ, ce site semble l'observatoire idéal, l'hélicoptère du pauvre. Un bel endroit pour laisser un souvenir aux gamins.

C'est compter sans la petite brume que la tradition réclame. Quand cent mètres au-dessous se jouera le départ, chacun le supposera mais n'en verra rien. Faute de spectacle, les fans se rabattront sur le pique-nique. Les hélicoptères chargés par les télévisions d'un direct au départ, gênés par le manque de visibilité, viendront faire quelques plans de coupe des saucissonneurs dans un vacarme d'hélices que les enfants n'oublieront pas.

Un peu de fébrilité, pas de grand malaise localisé mais des petits un peu partout. Je manquais d'envie, d'appétit pour cette course, des impressions lointaines ressortaient, une multitude d'ennuis sans grandes conséquences qui rendaient ce départ laborieux.

Dans la ville, le « plan média » se déroule sans anicroche. Les constructeurs automobiles ont mis leur dernier modèle et quelques autocollants à la disposition de très importants personnages. Ces VIP se font conduire jusqu'au port par de jolies stagiaires des hautes écoles de commerce, qui massacrent la marche arrière en gloussant. La course part demain. Il s'agit de la Route du Rhum. Rien à voir avec une régate locale, voire une de ces transats bretonnes dont l'ambiance bon enfant a tout de la kermesse de fin d'année d'une école confessionnelle. Le départ tient plus alors du pique-nique huppé sur le parking de la criée. Le grain survient immanquablement, sans compromettre pour autant l'animation que précède la messe. Les enfants étrennent pour l'occasion leur nouveau pantalon mi-long en velours côtelé bleu marine. Les parents, des gens de la côte, viennent en voisins voir les professionnels partir sur des voiliers assez proches de ceux qu'ils possèdent eux-mêmes, ou rêveraient de posséder.

Tout le monde est « en dimanche », les chemisiers affichent une blancheur virginale, alors que les concurrents couverts d'autocollants espèrent en souriant une équipe de télévision qui ne viendra plus. Spectateurs en promenade ou compétiteurs en course, le même accessoire les rapproche. En Bretagne, les lunettes de soleil ne sont pas considérées comme un objet de frime, si bien que l'on peut trouver, posés sur les nez les plus inattendus, les modèles les plus extravagants. Pas plus qu'un Londonien ne se retournera sur un chauve au crâne tatoué de gazelles bondissantes, un Bigouden n'aura un regard pour un marin-pêcheur à la retraite caché derrière une paire de paraboles aux reflets cuivrés totalement futuristes. Je ne connais aucune explication à ce comportement.

Je n'avais jamais été aussi loin de mes sponsors. Une banque finançait le bateau, le programme, l'équipe, pourtant je ne devais pas en parler devant la presse. Seul le directeur était habilité à faire la promotion de son entreprise. Je le connaissais peu, mais c'est de lui que je devais faire la promotion en priorité. Il devait être cité dans les articles de presse concernant le bateau, à moi l'exercice de paraître sincère. Les relations avec les journalistes y perdaient en spontanéité.

Durant la saison du « Rhum », Saint-Malo se cherche des allures cannoises et redécouvre les marches de son « Palais du Grand Large». Pourtant, hors des remparts de la ville, le PC avec tous ses badges semble impénétrable. C'est le bâtiment terrestre le plus protégé du port. Il abrite le poste de commandement de la course, les accréditations et les personnes en charge de leur attribution. Cartons plastifiés au cordon assorti qui font du journaliste, sauf exception petit et blanc, le maître du grand vigile, souvent noir.

Les accréditations sont des talismans très convoités. Leur forme de collier rappelle ceux portés par les enfants isolés qui cherchent à se perdre dans les aéroports. Les presque-adolescents en ont honte et les petits en sont fiers. De la même manière, les accrédités portent sur les quais malouins l'insigne officiel avec plus ou moins d'ostentation.

Un grand nombre de spécialistes des relations publiques intervenaient dans mon histoire comme dans l'organisation de la course. Je préférais les rapports directs avec le sponsor. J'ai eu un peu de mal à rester à distance, je ne suis pas parvenu à naviguer en tant qu'employé. Sans un lien direct avec le sponsor, sans un échange, sans une forme de complicité, l'échec me semblait assuré. Sans implication, la motivation se fragilise. Entre mes commanditaires et moi s'interposaient tout un tas d'experts qui défendaient l'esprit « à chacun son boulot ». Mon rôle devait donc se borner à naviguer. Bien sûr avec un sponsor il faut se plier, mais pas à ce point-là. Le départ approchait, je devais partir.

Les rares VIP de passage à Saint-Malo portent le badge par coquetterie. Ils apportent ainsi une certaine importance à la course en indiquant qu'ils sont effectivement venus pour elle. Reconnus de la France entière, leur route ne bute jamais sur le barrage des vigiles. Ils passent avec un sourire. Qu'ils soient ministres, acteurs, mannequins, journalistes de télévision, ils portent leur accréditation comme une faveur faite à l'organisation. Mais le rôle du vigile peut devenir délicat avec ceux qui s'estiment célèbres. La confusion n'est pas très loin, la gaffe toute proche. C'est en jouant sur ce dilemme que le futur badgé parvient à résoudre une des épreuves du journaliste sportif : parvenir jusqu'au cœur du poste de commandement pour s'y faire délivrer le badge qui lui permettra l'accès au poste de commandement. Mais Tintin est malin, c'est connu.

J'avais beaucoup de difficultés à me transformer en une entreprise, une « boîte ». La mienne marchait pourtant bien puisqu'elle faisait la Route du Rhum. Face au sponsor, j'avais l'impression d'être réduit au rôle de sous-traitant, les projets disparaissaient dès l'estimation de leur coût. Cette course demandait tant d'engagement que la résumer à des devis et un contrat ne me passionnait pas. Pour améliorer ma préparation, j'avais proposé un entraînement en solitaire Canaries-Antilles. Le retour prévu en équipage aurait permis de corriger et de progresser dans les mises au point. Refusé. Trop cher.

Jean-Jacques Dubois, avec son expérience exceptionnelle dans le suivi et l'entraînement des équipes de voile olympique, avait accepté de rejoindre la nôtre. Il a travaillé surtout par sympathie. J'avais l'espoir que sa collaboration simplifie mes relations avec le sponsor, en dénouant les crises. Nous avions, pendant plus d'une semaine, élaboré ensemble le dossier de la saison 2002. Il en serait devenu le directeur sportif, la proposition lui avait été faite, mais nos gestionnaires l'ont rejetée. Il aurait pu apporter une analyse et un dynamisme vite rentables. Mais l'opportunité n'a pas été saisie, trop chère, pas d'embauche.

Le gardien refuse aux non-badgés l'accès aux pontons. Mais il existe de nombreux procédés de contournement, la plupart restant le secret des préparateurs. À la veille du départ, quand subsiste une quantité de travail désespérante, les allers et retours lourdement chargés au milieu d'une foule nonchalante deviennent vite exaspérants. Le vigile, qui raisonnablement ne peut mémoriser la physionomie des centaines de personnes qui travaillent sur les pontons, transforme parfois son poste en un check-point infranchissable. Un petit groupe de recalés se forme alors, petit à petit, derrière le cerbère. Quelques-uns plaident leur cause auprès de lui, mais d'autres rebroussent chemin plus discrètement.

Parmi ceux-là, certains attendent un pratiquant de la « resquille à la chaussure flashy ». Cette pratique particulière nécessite le port d'un vêtement ou accessoire très voyant. Les chaussures sont parfaites parce qu'elles ne peuvent pas échapper au regard du gardien scrupuleux qui incline la tête au moment de contrôler le badge. L'idéal étant des chaussures vertes, ou rouges – j'ai en même vu utiliser une de chaque couleur. Attention toutefois à l'outrance, la modération dans ce domaine étant gage de réussite.

Donc, coloris vifs mais sans excès. Durant les premiers passages, la présentation du badge s'effectuera normalement. Après trois ou quatre passages, on testera la mémoire visuelle du vigile en ne présentant plus que le cordon de l'accréditation, et en exhibant bien sûr les chaussures flashy. Il faudra alors prendre un long moment pour extirper laborieusement la carte officielle plastifiée que l'on aura pris soin de glisser auparavant sous le pull. Généralement, après cinq à six passages, le garde impatienté autorisera l'accès à la seule vue du cordon, et des chaussures. Le badgé aux chaussures flashy définitivement identifié, passera avec le seul cordon autour du cou. Désormais libre de ses allées et venues, il pourra alors confier sa carte inutile à un ami démuni.

C'est ainsi qu'il y a parfois tant de monde pour si peu d'autorisations que les pontons flottants naufragent. Et qu'il arrive alors dans ces conditions extrêmes que des concurrents, depuis leur bateau, viennent au secours de leurs sponsors venus les visiter. C'est une occasion unique de sauver un grand patron du ridicule d'une noyade publique, en évitant de trop se mouiller. Les concurrents savent en général en profiter pour créer une complicité parfois fructueuse.

Ostar ou Route du Rhum, en solitaire sur ces multicoques, on ne peut jamais dire qu'on ne va pas chavirer. On entend dire aujourd'hui que ça pourrait faire partie du jeu. C'est la roulette. La navigation s'éloigne de ce qu'elle a été, une conception nouvelle apparaît : plutôt que d'éviter le renversement, trouver le moyen de remettre le bateau à l'endroit. La navigation se rapproche du spectacle. Les probabilités de chavirage se multiplient. Naufrager devient banal. Je n'aime pas me fier à la chance.

La couleur des cartes d'accréditation diffère suivant la fonction réelle ou supposée de leur porteur. Pour les courses importantes, les catégories se multiplient : armateur, organisateur, coureur, préparateur, famille, journaliste, équipe de télévision, photographe, chacun a la sienne. Cette palette colorée attise la curiosité du passant qui s'amuse à deviner de quelle catégorie de passe-droit jouit ce bonhomme qui descend vers la mer, alors que lui-même se voit refoulé vers les hauteurs. Car ici, bassin Vauban, la répartition sociale se trouve organisée à l'inverse des gondoles de supermarché : on touche au luxe en accédant au bas. Et seuls les badgés les plus notables pourront s'approcher à volonté des bateaux. C'est un privilège que d'être autorisé à descendre, et à un jour du départ ; ils ne sont pas nombreux ceux qui parviennent à la mer.

Sans expliquer pourquoi, j'ai l'impression que sur l'eau il existe une forme d'avertissement. « Je ferai ça plus tard... », ces mots me sont interdits, je ne m'y risque plus. J'ai appris avec le Vendée Globe à ne jamais remettre à plus tard ce qui peut être réparé ou corrigé à l'instant. Il faut réparer sans attendre. Une voile à ranger, un boute qui traîne, il suffit de les laisser là et une heure ou un jour plus tard, on est certain de se prendre les pieds dedans. J'ai vu ça si souvent que durant mon second Vendée Globe j'ai pris le pli, je tenais compte de tous ces petits signes. Cette fois, à une nuit du départ, je sentais que nous, les coureurs, partions sans tenir compte d'un avertissement. Nous laissions des questions sans réponse. Nous négligions les limites. La course partait le lendemain.

Au fil du temps, je croyais deviner un peu mieux les ambiances, les espoirs de chaque départ de course de Bertrand. Mais cette fois-là je n'ai rien compris aux signes, rien présagé des dégâts qui s'annonçaient. Bertrand était un coureur parmi d'autres, qui réglait des préoccupations domestiques de solitaire avant un départ. Rasoirs, règlement de course, piles neuves, interviews, clefs de la voiture, plat bourratif dans une boîte étanche, toutes ces contingences ménagères ne se retrouvent pas dans les articles de presse. Les grandes courses débutent pourtant souvent de cette manière, en faisant cuire des pâtes la veille.

Tous les indices d'une course exceptionnelle m'avaient échappé. Il y avait bien les prévisions météo un peu alarmantes, les estimations d'une mer très formée. Le spectacle ne s'arrêterait pas pour si peu. Et puis j'avais d'autres préoccupations. Sans prétendre à la berline dernier cri ni aux promenades motorisées des jolies hôtesses d'HEC, j'avais une accréditation officielle. Cordon et carton réglementaires autour du cou, je pouvais fendre la foule, sourire aux vigiles et parvenir à une épaisseur de pare-battage des concurrents sans chaussures particulières.

Victime d'une grippe ou d'une disgrâce, le « spécialiste voile » de l'agence de presse Gamma avait déclaré forfait, et la charge de récolter les images du départ de la Route du Rhum m'incombait donc. Compte tenu du prestige de l'agence, la mission devait avoir assurément des retombées sur la terre entière. Mais si la naissance d'un poulain a beaucoup d'importance à la ferme, on en parle un peu dans le village, plus trop dans le canton et jamais à Paris. Je m'efforçais donc de « couvrir » l'événement, sans trop d'illusion sur la diffusion planétaire de mes œuvres.

À Saint-Malo, des moments enfouis ressurgissaient, comme des signaux. Ce cargo évité je ne sais pas comment, ou ce pavillon de course que les équipiers de la course des Phares avaient annoté de remerciements à la banque. L'entreprise fêtait ses dix ans dans une grande salle près de Lille. J'avais été reçu comme une star, après notre inattendue place de troisième. Ambiance décalée, ce directeur en larmes à qui je remets officiellement le pavillon. La saison n'avait été qu'une suite de retards et de reproches alors que nous nous démenions sans cesse pour parvenir à respecter nos engagements. Le contrat comportait notre participation aux grands prix. Tous les grands prix, nous les avons faits. La Route du Rhum faisait partie du contrat ; malgré les signes, je la ferais.

La flotte attend le départ, fragile, derrière les remparts. La dépression d'Irlande se creuse en attendant la flotte. Parti de Ventspils, un vieux pétrolier, un simple-coque, quitte la Manche avec ses vingt-sept hommes d'équipage.

La foule applaudit au passage des écluses. Elle sait les bateaux peu sûrs, elle espère une belle course, des surprises. Comme à chaque départ de grande course depuis une trentaine d'années, la mère de Bertrand pleure. Elle n'aime pas ça, mais ne parvient jamais à s'en empêcher. Isabelle, sa compagne, et Léo, son fils encore enfant, savent qu'ils devront beaucoup attendre.

Bertrand a dû caler à portée de main la boîte étanche pleine de pâtes. La flotte des multicoques de soixante pieds, les plus grands, coupe la ligne. Ils sont dix-huit au départ. Sur les quatre restés intacts, trois arriveront en Guadeloupe. Le quatrième, celui de Bertrand sera préservé d'une curieuse manière. La Route du Rhum 2002 est partie.

La dépression irlandaise a décidé de s'abstenir de signes annonciateurs et de passer au plus tôt à une confrontation sans souplesse avec la flotte. Après quelques heures à jouer la diablesse avec des rafales subites et violentes et comme une bonne partie de la flotte semble lui résister, la colère la prend. Une colère qui hurle ses cinquante nœuds, impitoyable. Elle veut abattre, broyer, raser. Derrière elle ne resteront que fétus, maydays, balises de détresse activées surnageant au milieu des débris. Une partie de la flotte, très éprouvée, parviendra à trouver refuge dans les ports bretons. Ceux qui tentent de lui résister seront pourchassés et détruits.

La dépression s'obstine à cogner sans discernement, abattant toute tentative de verticalité dans le secteur. La flotte des multicoques de soixante pieds disparaîtra en quelques heures. La tempête frappe aveuglément, tant et tant que presque par inadvertance, elle cassera en deux le vieux pétrolier *Prestige*. Il n'en restera à la surface que quelques dizaines de milliers de tonnes de pétrole brut. Une partie de cette cargaison ira badigeonner la côte galicienne. Le reste, en s'étalant dans le golfe de Gascogne, permettra de démontrer à quel point la pratique ancestrale du filage de l'huile par gros temps était discutable.

Cette manœuvre, officiellement répertoriée encore récemment parmi les moyens d'affronter le gros mauvais temps, consiste à verser de l'huile à la surface de l'océan pour tenter de le calmer lorsqu'il se montre trop violent. M. de Lelyveld, l'auteur de l'opuscule que j'avais reposé sur la table du marin russe, avait fait des émules.

Pourtant j'imagine mal le capitaine, épuisé par des heures de lutte, ayant tout risqué pour esquiver les coups de la tempête, osant cette manœuvre ultime. Lui qui aurait tout tenté, la cape, la fuite, puis la fuite à sec de toile, lui qui aurait vu l'horizontale tout emporter, le vent, les embruns, la pluie, le mât parfois, le voilà qui remonterait de la cale avec son petit bidon d'huile, de goudron ou de toute matière flottante. Car les consignes sont claires : videz l'huile, et la mer s'apaisera.

J'ignore combien de capitaines respectueux des prescriptions ont été précipités par-dessus bord dans une mer miraculeusement calmée au terme d'une irrésistible glissade sur un pont huileux. Les « Instructions nautiques », à ma connaissance, n'en disent rien. Lorsque l'on connaît les dégâts, chutes ou fractures que peut entraîner la moindre chips égarée sur un pont de teck – sans snobisme, l'imitation synthétique glisse tout autant – on comprend pourquoi Bertrand leur préfère les pâtes.

Quelques heures après le départ, toutefois, ce n'était pas le goût des pâtes qui préoccupait Bertrand, mais la surprenante manœuvre qu'il venait d'entamer.

XVI

Théâtre des avaries

Deuxième partie

Marin à terre

Bateau : *Banque Covefi*
Type : trimaran 60 pieds open
Lieu : Saint-Malo
Occasion : virage
Course : Route du Rhum
Année : 2002

C'est un golfe unique cerné d'une côte de roche blanche absolument circulaire. Un régime de brises de nord-ouest y domine. Le rivage accore n'a jamais réclamé le moindre phare, pas d'écueil, aucun balisage cardinal. Les horaires des marées coïncident avec ceux des écoles, étale de pleine mer après la sortie et mystérieux jusant chaque nuit. Pour y apprécier les régates, mieux vaut s'accroupir et patienter ; immanquablement les voiliers viennent s'abîmer sur la roche. Le capitaine arrive sur zone en courant pour repousser le voilier d'un coup de bâton vers les cataractes du jet central.

Paris est condamnée à l'évocation, pas le moindre petit bras de mer, tout juste un musée de la Marine, une plage artificielle pour le quatorze juillet, ni sel, ni embruns. Le bassin du jardin des Tuileries est l'un des rares plans d'eau décemment navigables dans Paris. C'est aussi le plus proche du Yacht Club de France, et de son président.

Cet homme-là arrive d'une autre époque. Il était certainement botaniste ou astronome dans l'équipe de La Pérouse, mais géomètre ou navigateur de Jacques Cartier lui conviendrait tout autant. Peut-être le retrouverait-on aussi bien au milieu des personnages de Jules Verne, l'œil malicieux, la moustache ironique et la gentillesse communicative. Tout comme le commandant Charcot qui en fut lui aussi président, il revient inlassablement d'expédition. Et bien qu'il semble n'appartenir ni à notre temps ni à ce cossu quartier de Paris, M. Heckly préside le Yacht Club de France, et il semble inconcevable de lui refuser quoi que ce soit. Ce serait briser le charme.

Faute d'avoir eu ce courage-là, Bertrand s'était engagé à fournir le récit de sa participation écourtée dans la Route du Rhum 2002 pour le numéro de printemps. En effet à raison d'une parution par saison, le club aux salons parquetés de l'avenue Foch produit une revue au bon goût discret, où les récits maritimes ciselés alternent avec quelques pages glacées dédiées à la promotion de prestige : montres, grands crus classés, une banque (« Populaire » parfois, mais c'est là une limite de décence aux concessions économiques).

Projet d'article pour la revue du Yacht Club de France :

Lundi 11 novembre, j'ai quitté ma route depuis quarante milles, peut-être moins, je ne sais plus. Vaincu par les doutes, j'abandonne maintenant la Route du Rhum 2002. Brest endormi défile. Cinq heures du matin. Un Zodiac s'approche. Hervé Laurent et Jean-Jacques Dubois montent à bord.

Je confie à Hervé la barre de mon trimaran pour les manœuvres de port. Jean-Jacques est là, étonné, disponible. Il m'écoute. Jean-Jacques a rejoint l'équipe depuis quelques mois, sa mission est particulière. Il a en charge l'optimisation des relations entre toutes les personnes liées au bateau : sponsors, skipper, routeur, équipe technique et jusqu'au comité de course. Il surveille aussi éventuellement l'état des motivations du skipper, c'est le cas pour cette nuit. Après une importante expérience de préparateur olympique, il a accepté d'endosser le rôle d'homme de crise.

Port de commerce, quai Malbert éclairé, désert. Ponton de la Recouvrance, comment ont-ils déniché amarres, pare-battage, et un Zodiac au beau milieu de la nuit ? L'équipe technique, en route depuis Lorient, ne va pas tarder. La manœuvre se termine avec le jour. La voiture de Jean-Jacques, immobile face à la mer, nous sert d'isoloir. Il me propose de réfléchir vingt-quatre heures avant de confirmer cette décision lourde de conséquences. Une heure durant, je poursuis un monologue entremêlé de silences. Je décris ma nuit, ce départ de course, d'autres nuits, puis d'autres courses, d'autres doutes, d'autres ombres. Je ne cherche pas à convaincre, je raconte. Il me répondra sobrement : « C'est sans commentaire ».

Treize heures, coup de canon et départ sans rappel pour les dix-huit multicoques de la Route du Rhum 2002. Les conditions météo sont bonnes, la visibilité correcte, dix-huit à vingt nœuds de vent. Le trimaran est bien toilé, un ris dans la grand-voile, et trinquette. Je préfère partir tranquille… Dernier virement de bord à la bouée de Fréhel, le vent forcit, vingt-cinq nœuds à l'anémo, au speedo aussi. Je dois ouvrir un peu les chutes, la coque centrale décolle. Avec Jean Le Cam et Michel Desjoyeaux, nous passons au nord de la Horaine dans la boucaille.

Il fait nuit maintenant, une nuit noire, très noire. De loin en loin, les feux de route apparaissent. Certains préfèrent les flash-lights en tête de mât. Le vent m'inquiète. Ces hésitations incessantes en direction et en force deviennent infernales. Je perds le fil de ces bascules qui n'arrêtent pas. Je dois rester vigilant, une adonnante de vingt degrés et cinq nœuds de vent en plus sous pilote automatique, et on passe côté rouge…

Encore une rotation, je vire cap sur Ouessant. Quelques petits réglages, position de foils, hauteur de dérive. Pour pouvoir descendre quelques minutes à l'intérieur, je soulage le trimaran en choquant un peu de chariot de grand-voile. Tout en ingurgitant des pâtes froides, je me change vite.

Quelques instants plus tard, je suis sur le pont. Un petit tour d'horizon, la nuit est d'encre. C'est à ce moment que j'aperçois une indéchiffrable petite lueur, à peine plus qu'un reflet, un point lumineux faible, un signal indéchiffrable. Je fouille l'ombre, en quête du secret. À ce moment, je navigue à environ treize, quatorze nœuds au près. Et brusquement le signal me semble tout proche. Un coup sur +10° au pilote, la situation est confuse. Soucieux, je lofe encore de quelques degrés pour éviter l'inexplicable. Un coup de barre instinctif, je dévie brusquement, guidé par un doute.

Des échanges radio en VHF qui me parviennent je comprends que Franck Cammas est sur son bateau retourné. Les secours sont prévenus. Jean Le Cam qui n'a pu l'éviter dans la nuit vient de percuter le trimaran de Franck. La course vient-elle de basculer dans l'irrationnel ? Il me faut un long moment pour accepter la réalité : sans ce slalom intuitif, je venais m'empaler sur le carambolage.

Cette lueur fragile maintenant derrière moi, c'était la leur ; je l'ai évitée de très peu.

Le confinement de la voiture m'oppresse. Nous sortons, Jean-Jacques et moi, longer le quai Malbert. Je ne sais ce qu'a pu en penser le journaliste Rémy Pelletier qui séjournait juste à côté lorsqu'il nous a découverts au petit jour, toujours discutant et marchant d'un pas d'arpenteur.

De cette situation dangereuse, je ne suis pas sorti indemne. J'ai appris à côtoyer ces moments où l'on frôle de très près. J'ai frôlé la victoire, j'ai frôlé la catastrophe, j'ai frôlé la chance et le désespoir. Je sais reconnaître ces instants, celui-ci en fait partie. Il m'a fait gamberger, réfléchir, ressasser ces années passées. Mes fortunes de mer sont remontées à la surface, des chavirages, des naufrages, des démâtages, des blessures, des chances inoubliables. J'ai passé quatre ou cinq heures à cogiter, jambes lourdes, puis j'ai décroché. Je sentais mon équilibre précaire sur le pont. Je n'avais pas la stabilité des bons jours. Aujourd'hui, sur ces engins de soixante pieds, la zone de doute avant chavirage est réduite à quelques secondes.

Je suis déterminé. J'abandonne cette course. Je ne courrai plus en solitaire sur ces multicoques. Les certitudes me manquent néanmoins quand je suis pressé d'expliquer pourquoi. La question me sera bien souvent posée dans les jours qui suivront ma décision. En fait, il devient difficile de rapporter précisément les évocations, les flots de pensées qui se sont bousculées à cet instant. J'ai à chaque fois un sentiment d'impudeur, probablement parce que dans un moment pareil les préoccupations arrivent en vrac, de la plus futile à la plus essentielle, sans distinction.

Bertrand avait déjà beaucoup raconté ces quelques heures du début de la Route du Rhum et commençait à s'en lasser. Il m'avait proposé de travailler le texte du futur article à partir de ses notes. Au début, il s'agissait de presque rien, quelques phrases. Mais elles avaient suffi à me faire entrevoir les plaisirs insoupçonnés de l'identification. Écrire à la place d'un autre n'a rien de cruel pour l'ego, au contraire. Je savourais les vicissitudes du héros, sans frais. À condition de rester crédible, tout m'était permis. La cachotterie paraissait anodine, pourtant ajouter un détail pouvait à loisir me mettre en danger, me bouleverser, me rendre touchant. Il suffisait d'être cru. Assurément, la peau d'un autre est beaucoup moins inquiétante que la sienne. Ainsi sans vous, monsieur le président du Yacht Club de France, aurais-je jamais pu découvrir le rôle du nègre et ses plaisirs clandestins ?

J'acceptai sans hésitation la proposition de Bertrand. Mon programme d'hiver restait plat, ma prestation photographique au départ de la Route du Rhum n'avait rien eu de flamboyant ; excepté peut-être cette brève aventure avec lady Ellen MacArthur…

Saint-Malo, départ de la Route du Rhum 2002 pour les monocoques. Le catamaran d'aluminium propulsé par deux turbines aux allures de réacteur était suffisamment vaste pour nous tous, c'est dire sa taille. Toutes les équipes de télévision, tous les photographes, tous les stagiaires réquisitionnés d'autorité, tous les badgés de toutes origines, enfin tous ceux que l'hélicoptère autorisé à survoler la ligne de départ n'avait pu embarquer se trouvaient à bord, c'est dire notre nombre.

Des rencontres imprévisibles, des conversations et même quelques jeux de séduction aidaient à tromper l'attente de notre appareillage. Quelques baroudeurs grisonnants exhibaient leurs atouts devant des jeunes filles respectueuses souvent en formation. Le photographe de mer dispose essentiellement de deux objets utiles à l'amorce d'une conversation. Le pantalon serré à la cheville, preuve qu'il a une longue pratique de l'hélicoptère, et qu'il a appris qu'à raison de 0,65 degré centigrade perdu pour cent mètres grimpés, le mollet se refroidit vite avec l'altitude. Sans compter le ridicule des pantalons gonflés à la moindre descente, pareils aux bermudas de bain transformés en parachute dès le premier plongeon.

Second totem, objet de toutes les curiosités : l'énorme téléobjectif, dont la symbolique phallique n'échappe plus à aucune femme depuis Daguerre. Il est convenable d'en parler comme on le ferait d'une pièce d'artillerie, un cent quatre-vingts, un trois cents, voire un cinq cents. Extrêmement utile comme preuve de l'appartenance à la profession. Je regrettais pour l'instant de ne pas en avoir loué un car, mis à part le cas d'une collision avec l'un des concurrents – espoir inavouable – je ne vois pas comment un voilier aurait pu être assez proche pour emplir le cadre que me fournissaient mes objectifs aux performances plus modestes. Heureusement pour moi, parmi nous, nombreux étaient ceux qui, dans la joie d'avoir trouvé un embarquement, avaient négligé l'aspect maritime de notre virée…

Ordinairement, notre embarcation aux formes spatiales faisait la navette pour des estivants heureux d'avoir rejoint une île à pique-nique assez tôt pour que la sieste soit préservée. Elle devait assurer ces rotations à bas régime en toute quiétude. La machine n'en souffrait pas, mais son capitaine, si.

La sortie du port prit l'apparence du roulage au sol d'un jumbo-jet s'efforçant de contenir la puissance de ses réacteurs. Nous étions assis dans nos coquilles de plastique individuelles, la fesse un peu tendue. Sûrs que cela ne les concernerait pas, les journalistes à l'abri des parasols chauffants avaient décrit depuis les terrasses des bars malouins les affres du début de course. Une mer formée attendrait dès leurs premiers milles en Manche les concurrents pas encore amarinés. Aujourd'hui, à bord, leurs talents de prophètes les comblaient, même si la justesse de leurs pronostics commençait à les tracasser. Les moins aguerris révisaient leurs notions de physique et de chimie maritime. Considérant à quel point, de chaque côté d'une jetée, l'eau de mer peut avoir la même composition chimique mais se trouver dans un état physique radicalement différent. La navigation de part et d'autre d'une jetée n'a jamais rien de commun.

La mer était formée, mais notre progression lente vers le large nous préservait des embruns. La direction de la course avait mis à notre disposition des plateaux-repas assortis à l'ambiance aéronautique de notre embarcation. Rôti froid, salade, tarte aux pommes, café lyophilisé, et un mystérieux flacon qui s'apparentait à une mignonnette. À la couleur, il aurait pu s'agir de whisky.

Après une route face à la mer, qui parut très longue aux plus pâles d'entre nous, nous arrivâmes sur un point identifié uniquement par les satellites de positionnement. Les propulseurs furent neutralisés. La brume était dense, le lieu silencieux. L'endroit, malgré la houle, était si calme que la révolte se mit à gronder immédiatement parmi les photographes. Nous étions, à un quart d'heure du départ, au cœur d'un néant à la prise de vue délicate et si loin de la ligne qu'aucun bruit d'hélicoptère ne nous parvenait.

Favorisé par le roulement du catamaran dans la houle durant ce moment d'indécision, un mal de mer aigu et d'une forme odorante anéantit les passagers encore valides. Simultanément, le temps prit deux vitesses très opposées. Pour les contaminés il se dilata à l'infini ; ils se mirent à psalmodier des suppliques inaudibles où il semblait être question de ports, de distances sidérales et de rédacteurs en chef, beaucoup de confusion, un peu de honte.

Les quelques rescapés commençaient à douter de voir un seul concurrent avant le coup de canon que de toute manière nous n'entendrions pas. Et le temps, pour nous, se contracta sévèrement. La mutinerie latente éclata. Elle fédérait la plupart des photographes sains. Nous étions déterminés à corriger cette erreur de positionnement au plus vite. Très déterminés à exiger du capitaine qu'il trouve la ligne, un jury, des concurrents et des voiliers, enfin tout ce qui nous manquait. Moins déterminés cependant à franchir les zones interdites aux passagers qui protégeaient ledit capitaine, là-haut sur la passerelle. Une délégation s'y engagea pourtant, emportant nos doléances parmi les profilés d'aluminium et les descentes aux marches perforées.

Durant l'attente du retour de nos représentants, il s'agissait surtout de préserver le matériel qui roulait en tous sens, mon propre équipement, celui des délégués, celui des malades. Je ne possédais aucun de ces merveilleux téléobjectifs que les rédactions mettent à disposition de leurs photographes, mais j'en voyais valser sous les rangées de sièges sans toutefois parvenir à les immobiliser. Ils valent le prix d'une voiture et je m'imaginais gardien de but dans une coupe du monde.

La délégation revint, évasive quant au résultat mais fière de sa négociation. Le capitaine les avait écoutés, il allait faire le nécessaire, c'était en cours. Pour fêter leur succès, l'un de nos représentants détacha quelques-unes des mignonnettes des plateaux-repas. Dans la confusion du roulis, certains avalèrent leur rasade avec entrain. La vinaigrette produisit un effet moins euphorisant que le whisky attendu, finissant de décimer la presque-totalité du reste des valides.

Dans le haut-parleur jusqu'ici muet et qui d'ordinaire distillait aux estivants un commentaire des splendeurs de la côte, le capitaine diffusa la fréquence du comité de course : « Trois, deux, un, top départ, bon départ ! » Guerre des nerfs. Nous étions seuls, dépités, pas la plus petite embarcation en vue et d'ailleurs pas la moindre vue. Le départ avait eu lieu, sous d'autres latitudes.

C'est alors que la fréquence encore très basse du bruit des turbines se mit à enfler vers les aigus avec une ampleur insoupçonnable. Les rescapés comprirent immédiatement que la colère avait changé de camp. Avant que les propulseurs aient vaincu l'inertie de l'engin, les derniers encore debout se rassirent précipitamment et tentèrent, en se cramponnant au plastique des sièges, de coincer entre leurs cuisses leur massif téléobjectif. Furieux de nos récriminations, le capitaine en guise de vengeance avait décidé de transgresser des années de frustration.

Pleins gaz, droit vers le ciel, un décollage enfin. Nous n'avions rien vu, eh bien, il allait nous en faire voir. Ce fut une guerre froide cette fois, un déluge inouï de décibels et d'embruns. L'électronique embarquée encore en état fut irrémédiablement détruite sous les trombes. Je commençais à me tracasser sérieusement pour ma couverture mondiale de l'événement.

Quelques rangs sur ma gauche, un rescapé tentait un direct radio décrivant avec quelques jolies précisions une fiction de début de course. Nous étions si peu nombreux encore aptes au service que j'estimai en toute hypocrisie me trouver dans une situation de légitime défense. Je me penchai vers mon voisin au teint gris-vert. Il occupait horizontalement trois places depuis notre départ. Au milieu de la tourmente et entre deux spasmes, je lui proposai de prendre soin de son téléobjectif que j'apercevais allant et venant entre les pieds de nos sièges. Il m'en remercia.

C'était un modèle très récent et l'idée que je puisse le tester n'effleura pas son propriétaire qui sombra dans un coma d'autant plus confiant qu'il se savait soulagé de la garde de son précieux outil. C'était une pure merveille, à la mise au point silencieuse et rapide. Je m'en servis plutôt de jumelles. Dans l'ambiance d'hôpital militaire qui régnait à bord, je trouvais un certain plaisir à suivre le vol des goélands à travers ce minibazooka.

Et le hasard me l'offrit, belle comme une délivrance, plein cadre dans mon viseur parmi les oiseaux de mer. Muse inespérée, tendue dans l'effort, elle embraquait une écoute. Une vague opportune, que le tassement optique des plans exagérait, la menaçait mais sans démesure. J'ajustai une rafale avant qu'elle ne s'échappe dans les blancheurs. Ellen MacArthur, pour cette apparition miraculeuse au creux de la vague, mérite à mes yeux tous les ex-voto de toutes les chapelles bretonnes. La photo fit la une du quotidien *Le Monde* et me sauva du ridicule. *Thank you*, Ellen.

En secret, je tirais une certaine fierté d'avoir bousculé un peu rudement les conventions dans ma relation photographique avec lady Ellen. Cette satisfaction, hélas, ne dura que quelques heures. Dès le lendemain, peu après le départ des multicoques, Bertrand allait me donner une leçon de transgression des conventions qui me reléguerait à jamais au rang de petit amateur.

Il avait tout bonnement, ce 11 novembre, en pleine course, après une grosse nuit de cogitation, posé son barda à Brest, envoyant balader sponsor, Route du Rhum, réputation et toutes formes de convenances inhérentes à ce genre d'activité. Il avait flanqué son bateau à l'abri des quais brestois, et qu'on ne lui parle plus de course en solitaire sur un multicoque. Raisons objectives invoquées ? Pas la moindre. Des présomptions, quelques signes, une série de pressentiments, une impression de malaise.

Pourtant, cet étrange comportement fleurait si bon l'édito que la presse nationale ne s'y trompa pas. Bertrand fut convoqué dare-dare à la capitale. Pensez donc, un solide marin breton ténébreux à souhait qui renonce sans la moindre blessure, sans la plus petite avarie, après une petite journée de course, à la plus célèbre des transats, c'est pas tous les jours. Il fallait qu'il s'explique de toute urgence, la grande randonnée des plateaux télé n'attendrait pas.

Un petit groupe d'amis soutenait Bertrand dans sa tournée parisienne des studios. Il fallait échapper à la disgrâce. Liliane, attachée de presse, nous pilotait. Nous étions inquiets, mais son sourire éternellement complice paraissait faire de toute situation un instant déjà vécu, sentiment trompeur mais assez apaisant.

Pour les rédactions, mis à part le mystère concernant la décision d'abandon de Bertrand qu'on pouvait présenter comme une curiosité, un dilemme restait à trancher. Fallait-il en faire un brave ou un dégonflé ? Mettre un sabordage à la une comporte ce genre de risque philosophique. La simplicité l'emporta, le public n'aurait qu'à en décider. L'objectivité exigeait des faits et rien que des faits.

Cependant très vite, une évidence apparut : envoyer tout balader représente une tentation beaucoup plus répandue qu'il n'y paraît. Ainsi le geste n'inspirait que peu de réactions de mépris, et pour beaucoup de téléspectateurs s'apparentait même à une sorte de victoire. Ce paradoxe magique permit à Bertrand une tournée des médias digne d'un second, voire d'un vainqueur peu loquace.

Liliane, pourtant Parisienne et spécialiste des relations avec la presse, s'étonnait qu'un échec entraîne tant de curiosité. Son téléphone portable s'agitait sans cesse. Les demandes d'interviews se succédaient. Elle nous guida dans Paris sur le chemin des studios.

À chaque station, le cérémonial ne variait guère. Un gardien suspicieux attendait une confirmation hiérarchique de notre identité et de notre rendez-vous, puis nous saluait ensuite comme des habitués connus de la planète entière. Je suivais avec un air niais, qui me permettait de passer tour à tour pour un groupie, pour un coach, plus rarement pour le héros lui-même.

Un assistant nous guidait ensuite vers la maquilleuse de garde, celle qui était de quart, de jour comme de nuit, prête à tartiner le premier que l'actualité lui fournira. Avoir poudré tous ceux qui un jour ont fait la une, qu'ils soient truands, victimes, bourreaux, saints, démons, vainqueurs ou vaincus donne à son regard une douceur réconfortante. Elle apaise ; elle a recoloré tant de visages. Pour certains, l'enjeu devait être infiniment plus grave et ses mains caressantes semblent le dire. À peine achevé le tartinage, le présentateur tendu venait rassurer son invité, lui conseillant invariablement une sincérité totale. Bertrand observait son reflet à la dérobée, découvrant dans le miroir un inconnu enfariné, grotesque, celui qui allait passer dans le poste.

« Soyez vous-même, spontané, franc, tout ira bien. De l'authentique et c'est dans la poche ! » Bertrand semblait dubitatif sur la sincérité du double peinturluré qui allait le représenter face à la caméra. Puis, fébrile, le présentateur rejoignait son plateau. Pour nous observateurs, le spectacle, court, décisif, allait se jouer dans la pénombre, avec le repère simple du signal des caméras.

Silence, voyant rouge et aussitôt on ne voit plus qu'eux. Les cameramen s'affrontent en s'esquivant, avec des trajectoires souples et une décontraction très professionnelle. Ils entraînent leurs prodigieux instruments en les enlaçant de manière si captivante que les deux personnages grimés qui se font face dans la lumière en perdent tout attrait.

Depuis l'ombre, en accompagnateurs muets, les moniteurs de contrôle que nous tentions d'apercevoir nous attiraient plus que le plateau trop vaste, plus fade aussi. Dans les viseurs, les personnages sont différents, beaucoup plus séduisants que leur réalité maquillée, le plat est comme déjà cuit. Tout à leur ballet, les caméras ne captaient pas la déchirure d'un type que des fantômes avaient poussé à l'abandon. Le sujet ne prévoyait jamais cet angle, parlons du danger, pas de la peur, hors champ le doute.

Puis nous repartions vers d'autres chaînes avides de percer le mystère du gars qui, seul, s'était recousu la langue dans le Vendée Globe et qui dans la Route du Rhum venait de tout planter là, jurant de renoncer à jamais à naviguer en solitaire sur ces bateaux.

De mauvaises nouvelles arrivaient du large. Face à la succession d'abandons dans cette Route du Rhum, Bertrand était maintenant interrogé sur ses mystérieuses intuitions. Puis l'histoire étrange de son renoncement finit par se perdre parmi les directs des naufrages, plus répandus depuis la mise au point du téléphone satellitaire étanche. C'est un peu cher, mais le sponsor est sûr de rentrer dans ses frais si la liaison est bonne.

XVII

Du tiers comme du quart

Bateau : *Myrialis*
Type : Figaro 2
Lieu : Lorient, Paris, Saint-Nazaire
Occasion : Trophée BPE Saint-Nazaire – Dakar
Année : 2003

Paris, porte de Versailles, mois de décembre. La saison ne dure qu'une petite dizaine de jours, mais aux amateurs d'ethnologie mondaine je recommande absolument un affût dans les parages du Salon nautique. Quelques millionnaires en chaussettes se regroupent avec une hésitation convenue. Ils déambulent, perplexes, arpentant les ponts de teck. Le Salon nautique n'évolue qu'avec précaution et cette année m'apparaît semblable à la précédente, au point que ce sentiment même ressemble à celui de l'année dernière.

Seul signe apparent d'un renouveau, les cendriers ont disparu. Les derniers fumeurs coupables, faute d'avoir pu trouver à temps les racines accueillantes d'un palmier de plastique, doivent se résoudre à trouer l'océanique moquette bleue. À la proue des bateaux blancs posés dans le grand hall, les centaines d'impacts de ces mégots dessinent sur le sol une œuvre collective en forme d'embruns négatifs. Même si ici règne le jeu des apparences, je doute que ces brûlures évocatrices suffisent à déclencher la fameuse pulsion d'achat.

Pour ceux qui souhaiteraient éviter de questionner le vendeur, j'offre une référence de prix. Je mesure la vulgarité de ma démarche, pourtant en vous permettant d'éviter le ridicule, elle me semble plutôt charitable : les voiliers habitables sont vendus à quelques milliers d'euros près le prix d'une berline familiale type, mais au mètre. La règle ne s'appliquant qu'à partir de dix mètres, onze mètres égalent onze berlines donc, à l'achat. Par la suite, quelques menus faux frais vous attendent. Mais la fonction du Salon est précisément de vous soustraire à ces contingences. Tapis aux endroits stratégiques, voici ceux qui doivent vous faire oublier vos retenues financières. Une armée et ses commandos guettent. Où peut-on dénicher le moindre argument recevable pour acquérir un bateau ? Durant cette courte période les vendeurs parviennent à se faire poètes ou sorciers, il en va de leur survie.

Mais avant tout, le vendeur trie. Il tente d'identifier l'assujetti à l'impôt sur la fortune parmi une masse de soi-disant acheteurs, qui pour la plupart ne cherchent qu'à le dépouiller de sa cargaison de fiches de documentation quadrichromiques. Certains soirs, harassé, il trie sans ménagement. Et retrouve même parfois la technique du tamis : secouer, secouer encore et encore. Sans discernement, agressif : « Bon, signez là, je n'ai pas que ça à faire », le vendeur craque et l'accident lié au dépassement des vitesses décentes de négociation présente un vrai danger pour la profession.

Mais si vous avez réussi à mystifier le vendeur et qu'il vous invite, plein d'espérance, à apprécier la plastique de son pont de teck, profitez du privilège. Jetez du haut des filières un regard sur le flot de crânes réduits à la taille de molécules qui s'écoule le long des carènes. Marée humaine, la formule éculée se trouve ici à l'évidence recyclée. Le flux qui apparaît dès l'ouverture ne dépend en rien de la fréquentation. Il y a plus ici à parcourir qu'à découvrir. Parfois, des gamins échappant à l'autorité parentale s'en viennent former une turbulence derrière un puits de dérive, mais l'instabilité disparaît vite et l'écoulement laminaire règle à nouveau le pas des familles.

Et puis inopinément, de ces flux crâniens qui débordent les allées surgit l'unique tempête du salon. En quinze jours, vous n'en verrez qu'une, si fugace qu'à l'heure de la fermeture nombre de visiteurs refoulés vers le métro avec le jusant attendront que la télévision confirme ce qu'ils ont cru apercevoir. Pourtant, avec un peu d'observation et de bon sens, toute confusion pourrait être évitée. C'est bien un ministre. La mer n'a que peu d'opposants, porte de Versailles notamment. Une brève rumeur signale son approche, puis une hausse de pression très marquée précède le mascaret lui-même.

Avec ces cordons spiralés qui sortent de leurs oreilles, ces hommes (ces femmes aussi parfois) sont autant d'excellents indicateurs et marquent à coup sûr le début du phénomène. Il est également possible de doubler les précautions d'identification en les croisant avec deux autres caractères marquants. Ils portent un cartable ne pouvant contenir aucun document. Dur, plat, il possède trois volets repliés tout à fait incongrus. Dans leurs poches parfois, mais dans leur dos le plus souvent, d'importantes protubérances recèlent d'énormes revolvers à peine visibles. À condition de n'être ni assassins ni gangsters, la notion de protection rapprochée ne devrait plus échapper aux spectateurs.

Le protocole prévoit le plus souvent une rencontre « fortuite » avec un aventurier. Le sillage, ouvert sans ménagement, démontre l'efficacité des cartables. Et le convoi fait route directe sur l'explorateur qui de découvreur, devient amer. Et qu'importe qu'il soit prévenu, l'heureux héros élu sera de toute manière surpris par cet homme d'État qui vient caresser la poupe de son canoë. Aussitôt notre quasi-président déclame la mer, ce territoire sans limites qui devrait inspirer notre jeunesse. L'aventurier de faction fixe ses pieds, l'homme d'État la caméra. L'un imagine qu'il pourra parvenir à payer son emplacement avec les recettes des ventes de son livre, qu'il voit bien bondir après ce plan média. L'autre recherche cette citation de Jack London qu'il avait déjà casée à l'oral d'un concours. Ça fait un bail, il faudrait prévoir une fiche pour ce genre de situation.

Le conseiller en communication est aux anges, le téléspectateur devrait comprendre à quel point ces deux-là sont faits du même bois, combien la même volonté les guide. La symbolique échappe pourtant à un petit pourcentage de taquins qui préfèrent imaginer le représentant de la République s'activant dans le frêle canoë. Les spécialistes de la communication ne font pas toujours l'unanimité. Un sourire convenu au caméraman, et, si la prise est bonne, le ministre laisse le tatoué à ses îles et rejoint son palais, emporté par son escorte d'obligés.

Tout va si vite, le convoi ministériel met en fuite. Clap de fin. Les caméras s'abaissent, le héros en second reste médusé, la pagaie en béquille, le récit dédicacé à la main. Ce bouquin devenu invendable sera sa première perte sèche, ses espoirs suivront. C'est la renverse, la flottille d'officiels dérive vers la sortie, à peine balisée par la perche d'un ingénieur du son pris en tenaille par son casque, et déçu de ne pas y trouver le bruit de la mer. Quelques cameramen, piégés par la curiosité ou par un beau plan de coupe, se trouvent expulsés du sillage. Ils s'échouent alors parfois au hasard, à l'ombre étroite d'une hôtesse croate et pacifiste vantant ses ports de plaisance. Dans les brochures, les photos datent un peu, avant la dernière guerre pour la plupart, mais le sourire ensoleillé met en confiance. Une barque de pêche s'éloigne dans le soleil couchant. Un joli quai de pierre se reflète dans les eaux lagonneuses du port, les cent cinquante catways d'aluminium clinquant et de bois traité sont hors champ. Et monsieur le ministre s'est retiré.

Au Salon, la plupart des endroits où il est possible de se reposer, de s'asseoir, sont réservés aux sportifs. Autour d'une de ces tables de jardin, Bertrand me rapporte l'histoire de sa dernière course, chronique discrète d'une victoire.

Pendant la course du Figaro 2003, je me suis dit qu'il fallait absolument que je fasse un truc dans l'année. À partir de juin, juillet, je me suis mis à nager tous les jours. Presque un an s'était écoulé depuis ma décision de stopper après quelques heures dans la Route du Rhum, j'étais blessé. J'avais un sérieux problème à un bras, j'étais bloqué. J'ai dû refuser la plupart des propositions intéressantes, le trophée Obélix, le Tour de France. J'en avais ma claque de chercher des budgets, un tas de questions me tombaient dessus. Peut-être que je ne suis plus bon à naviguer, physiquement je ne peux plus suivre… Autour de moi, je voyais les gens du milieu se dire : il est blessé, mieux vaut le mettre de côté.

Alors, face aux doutes, j'ai choisi de nager. J'aurais dû profiter de cette période de six mois pour remonter un projet, un gros projet. J'aurais dû tenter de remotiver du monde. Il fallait pousser un grand projet, seulement personne n'était passionné par la recherche d'un budget moyen de course du Figaro sans même savoir si je pouvais le faire. Et puis on sortait de l'aventure du trimaran, qui avait une autre envergure, si bien que l'enthousiasme ne dominait vraiment pas. Matin et soir je nageais, jusqu'au jour où j'ai trouvé un objectif absurde et je m'y suis accroché : aujourd'hui, si je fais cent cinquante brasses, je ferai la course Saint-Nazaire – Dakar. Et le lendemain, je repartais : si je fais deux cents brasses aujourd'hui, je ferai la course Saint-Nazaire – Dakar. J'ai nagé obstinément, mais sans jamais chercher le moindre budget.

Finalement mon bras a retrouvé ses performances, au moins pour la natation, si bien qu'à mon avis, je méritais de faire la course. Par hasard, j'ai contacté Dominic Vittet. Curieusement, lui aussi se disait qu'il était temps de faire une belle course cette année. Une dizaine de jours avant le départ, à La Baule, nous avons rencontré le directeur de la communication de la Banque européenne. C'est François-Xavier Dehaye, l'organisateur de la course, qui nous avait mis en relation. Il avait dû se dire que ces deux coureurs-là, un peu en marge, un peu revanchards, formeraient un tandem intéressant.

Ce banquier nous a beaucoup aidés, il a cru en nous. Il nous savait d'autant plus motivés que nous ne demandions aucun salaire, uniquement le remboursement de nos frais et une prime. Nous n'avons insisté que sur cette prime, une chance. En cas de victoire : quatre mille euros. C'était une double motivation, lever ce budget au dernier moment et tenir un programme de préparation déraisonnable. Rodolphe Jacq et Hervé Laurent avaient vécu le même genre de péripéties, deux ans plus tôt : décrocher un budget quinze jours avant le départ, avoir à peine le temps de convoyer le bateau pour le départ de la course, partir et gagner.

Pour chaque course, j'estime assez bien mon classement « naturel ». On se situait, Dominic et moi, dans les cinq premiers ; pronostic logique, brut, hors aléas. Ce nouveau bateau Figaro 2 avait peu de références, mis à part la course du Figaro 2003, la « Générali Concorde », et une régate locale. Je crois que lorsqu'on a atteint une bonne expérience, on développe une forme de sensibilité avec un bateau. Avec le temps, l'apprentissage se restreint, il faut beaucoup moins de temps pour le faire marcher vite. Une part d'incertitude, de découverte, ce genre de plan m'a souvent réussi. J'aime rencontrer des bateaux inconnus. La seule navigation que nous ayons faite ensemble avant la course sur ce nouveau bateau, c'était le convoyage jusqu'au départ à Saint-Nazaire. Ça devait suffire.

Par la suite, quand une série prend de l'âge, tous les concurrents s'entraînent, barrent sans arrêt tout l'hiver pour parvenir au réglage suprême. On comprend, on apprend, on travaille. Ensuite, les repères fleurissent. Des adhésifs servent de repères sur les rails d'écoute, des marques sur les barres de flèches : à douze nœuds cinq, on borde jusqu'au trait jaune, à vingt nœuds avec du clapot jusqu'au trait rouge. Le bateau est truffé de marques. Je suis probablement le plus vieux Figariste, j'ai bien connu ces périodes d'approximations.

Cette fois, dès le départ, gagner n'était pas notre souci. On était l'un et l'autre très détachés face à notre classement. Durant la course, c'était vraiment très sympa, on s'en foutait complètement. En partant, on s'est aperçu qu'on ne marchait pas très fort dans le petit temps, on bidouillait et on était toujours un peu en retard sur les manœuvres de ballasts. On a rapidement perdu trois milles. Ensuite, on a mal pris la bascule de vent dans le golfe de Gascogne et l'avance des premiers a pratiquement doublé.

Au cap Finisterre, on était huitièmes avec un beau retard, mais toujours sans aucune préoccupation. Nous avions à nous deux une certaine expérience du coin. Et ce superbe ciel bleu, je le reconnaissais : on aurait quarante nœuds avant longtemps. Il fallait allonger un peu la route, se tenir à distance de La Corogne, rester au large et attendre avant d'empanner, nous n'avions aucun doute sur ce choix.

Quand nos concurrents ont voulu couper le fromage, on a souri, j'avais pris suffisamment d'avertissements dans ce coin-là pour deviner la suite. Au petit matin, nous étions en tête. Ils avaient eu moins de mer, et moins de vent.

Ils ne sont pas toujours si simples à suivre, nos héros. Depuis quelques chapitres, le succès n'est plus au menu. La victoire ressurgit au bon moment, mais les secrets avec. Le récit un peu fade n'enthousiasme qu'à moitié. Les vainqueurs ne traînent qu'exceptionnellement en mer. Et l'on imaginerait parfois qu'ils préfèrent en finir au plus vite et fuir leur pensum. Si les publicitaires et les journalistes relataient à quel point leurs épopées sont faites pour l'essentiel de temps faibles ! Le doute sur le choix d'un matériel, la résistance à la torpeur tropicale, la lutte contre les renoncements et les assauts d'une philosophie méditative. La défaite, voire simplement un classement moyen, façonne des souvenirs plus joyeux. Dans ce cas, rien n'est soustrait de l'histoire, en ne cachant rien on se moque de ses erreurs et on devient d'ailleurs assez vite attachant, à relater ses défaites. Le vainqueur est plus distant, plus froid, il agace volontiers. On le soupçonne d'on ne sait quoi, parfois même lui reprocherait-on presque un talent excessif.

Depuis le creux de nos chaises de jardin, calés dans la périphérie du Salon nautique, nous pouvions voir passer les vendeurs de voiliers en chasse. Leurs combats sont variés et chacun y va de sa trouvaille vestimentaire. Le costume-cravate, tenue dominante des commerciaux, se trouve souvent remisé au profit de vêtements plus évocateurs : liquette fleurie des tropiques, polo à l'odeur de golfeur, chemise bleue olympique délicatement sponsorisée, et blazer bien sûr. À peu près tout y passe, seule la tenue cycliste fait défaut à ce jour. Quel que soit le camouflage adopté, ils ont tous ce soupçon d'aventurier dont la discrétion saute aux yeux. Le répertoire des argumentaires et de leurs mimiques associées dont nous nous régalons depuis notre observatoire paraît aussi vaste que la gamme des options, du père de famille posé au comptable survolté adepte de la défiscalisation. Ici un missionnaire du plaisir rentable, là un convaincu du beau temps perpétuel, cet autre prêcheur de l'investissement malin, le boursicoteur et sa martingale qui n'a jamais entrevu pour vous de perspectives aussi claires, et déductibles fiscalement de surcroît. Tout est bon dans ce sport-là, extirper un tel chèque revient à certifier une unité d'extravagance.

Nous étions particulièrement sereins, tranquilles. Après des galères de ballast, une durite avait cédé et quinze centimètres d'eau clapotaient dans le bateau, mais nous avons bricolé toujours sans aucun stress. À bord, l'ambiance était très calme. Le soir, trois bateaux nous avaient dépassés, nous étions à un mille derrière. C'était le prix de nos réparations. Nous marchions au près sans faire tout à fait la route, et je me demandais si en allant voir un peu au vent nos affaires ne s'arrangeraient pas. Dominic n'avait pas d'objection, si bien que nous avons lofé. Les autres au contraire ont laissé courir.

En lofant, nous aurions dû logiquement perdre en vitesse. Mais en faisait plus de cap, miraculeusement on accélérait. En fait, en gagnant au vent on rentrait dans une zone plus ventée. Avec les jumelles, je retrouvais les feux de nos voisins dans la nuit. Au compas de relèvement, nos voisins ne bougeaient pratiquement plus, nous étions en train de les coiffer sous leur nez. Personne ne nous a suivis, je n'ai pas compris pourquoi. Sur ce bord, on a gagné trois ou quatre milles au vent, et probablement la course. Mer plate, le vent mollissait, mais on continuait à trois-quatre nœuds, en lofant toujours.

Dominic à l'intérieur prenait avec le Defax toutes les cartes météo qu'il trouvait. Il fallait prendre une décision, l'option météo de Pierre Lasnier qui préconisait dès le départ d'aller à terre n'était plus juste. Dominic a une facilité naturelle à décider. Le vent devait se trouver bien au-dessus de notre position. Dominic était persuadé que « ceux de gauche ne passeraient pas ». Cette intuition nous convenait, la consultation mutuelle n'a pas traîné. Nous avons opté pour le décalage.

Au petit matin la mer était plate, sous un vent de douze nœuds. Nous étions maintenant largement en tête, et le vent était toujours nettement plus fort devant. Les rôles étaient bien partagés : nos poursuivants faisaient du cap, nous de la vitesse. Dans une totale inégalité, puisque nous avions un vent beaucoup plus soutenu. Au final, le cap que nous suivions était à peu près le même, mais notre vitesse incomparable. Deux cent cinquante milles durant nous avons persisté comme ça, et nous avions vingt milles d'avance à l'arrivée.

En l'écoutant, j'ai le sentiment qu'un élément manque à ce récit. Un détail de cette étape ne colle pas. Une omission, un mensonge, un silence se dissimulent parmi ces détails techniques, un peu rebutants du reste. Rien à redire sur l'ambiance à bord, la complicité des deux coureurs ne fait aucun doute. Même si pour une fois le trait paraît un peu forcé sur le côté vieux sages, ancêtres d'expérience, renards du cap. Ils doivent leur victoire à cette intuition météo, c'est certain. Eux deux ne me surprennent pas, non, le mystère ne se cache pas dans leur comportement mais plutôt dans celui de leurs adversaires.

Voyons, si je m'en tiens au récit, ils observent ce soir-là leurs rivaux à la jumelle, les autres les voient donc tout autant. Un bateau – leur bateau – s'éloigne de la trajectoire commune, et trouve une zone de plus fort vent. Pas d'imitateurs, cette option ne fait envie à personne ? Dans la nuit, le relèvement des positions des autres bateaux leur apporte la preuve que leur route vers la droite du plan d'eau est payante, et pourtant personne ne bouge. Aucun bateau ne les poursuit sur cette fameuse route, personne ne réagit. Pour toute explication, cette courte phrase : « Personne ne nous a suivis, je n'ai pas compris pourquoi ! »

Fallait-il insister, peut-être n'y avait-il rien de plus qu'une bévue, une belle bourde de leurs rivaux ? Une occasion habilement provoquée, dont ils auraient tous deux profité ?

Dans ces courses de monotype, les bateaux ont tous plus ou moins les mêmes vitesses et la différence se fait sur les options météo. Nous avions une large avance, plus d'une heure sur Morvan, deux sur Cointot, et sept heures et demie sur Bidégorry. En fait, le spécialiste météo Pierre Lasnier conseillait plusieurs bateaux, mais les dossiers météo qu'il avait fournis à Saint-Nazaire et à Madère pour la première étape étaient erronés. Il reconnaissait son erreur, les modèles météos manquaient de fiabilité. Mais il était par contre affirmatif pour la seconde étape jusqu'à Dakar. Il en prenait même le pari, « ses couilles sur le billot ! » affirmait-il avec une certaine légèreté. Il était persuadé de la localisation des zones de meilleur vent.

Au départ de la seconde étape, il y a eu tout un tas d'options et les caps des bateaux les plus extrêmes variaient de quarante degrés. Tous les bateaux conseillés par Lasnier sont partis sans serrer le vent cette fois, et c'était le bon choix. Erwan Tabarly, Lionel Péan, Pascal Bidégorry, partis avec les mêmes recommandations, naviguaient dans nos parages. Tous les autres avaient lofé à bloc. Mais à Lanzarote, nous avons commis une erreur qui aurait pu nous coûter la victoire. Pierre Lasnier, avant le départ de Madère, avait précisé un way-point, un endroit précis à partir duquel il fallait changer de route. Nous étions partagés, entre ses erreurs de la première étape et notre avance, pourquoi prendre un risque ? Aussi avons-nous décidé de ne pas suivre les conseils de Lasnier jusqu'au bout.

À Lanzarote, sous l'île, nous avons lofé avant le fameux way-point. Pascal, lui, a respecté le conseil. Sanction : trente-deux milles de retard pour nous, et obligés de manœuvrer pour sortir de la zone de pétole. Nos sept heures et demie d'avance sur Pascal Bidégorry et Charles Caudrelier commençaient à devenir plutôt justes. À l'arrivée à Dakar, Pascal nous avait repris cinq heures. Nous sommes arrivés troisièmes, à cinq minutes du second, il n'aurait pas fallu perdre beaucoup plus. Nous étions troisièmes à l'étape et vainqueurs au général. À Dakar, j'étais rassuré, il me restait un peu de savoir-faire, je n'aurais plus à nager autant l'hiver prochain.

Le Salon nautique se terminait. J'avais sans réel succès pratiqué le relationnel de rigueur auprès des magazines qui occasionnellement me procurent un petit cachet. Mais faute de contrat pharamineux, je devais me contenter de quelques entrées gratuites. Je ne cédai pourtant pas à la mélancolie, et repartis même avec certaines convictions glanées parmi les indiscrétions : d'abord, qu'il soit dirigé par le pilote automatique ou barré par un expert, la vitesse de ce nouveau bateau, le *Figaro 2*, varie peu. En utilisant un réglage particulier du pilote, la différence entre l'homme et la machine devient même à peu près insignifiante.

Ensuite, il y avait eu la fatigue des premiers jours de course, les quarante nœuds subis au cap Finisterre. Aussi, durant cette fameuse nuit décisive, il devait régner sur le plan d'eau une ambiance plutôt électrique. Les bateaux proches voyaient bien ce bateau gris qui attaquait frénétiquement. Ils supposaient l'équipage de *Myrialis* à la manœuvre, réglant sans arrêt. Les lueurs de leur torche dans le lointain laissaient deviner un ajustement incessant de la grand-voile.

Pour les trois bateaux à vue, pas question de mollir. Si le réglage permanent de *Myrialis* payait, il leur fallait répondre à l'effort par l'effort, à la concentration par la concentration, trouver eux aussi la mise au point parfaite, y passer la nuit s'il le fallait. Ne pas laisser les autres s'échapper, malgré la fatigue. Certains équipages ont dû comprendre au petit matin, que le réglage n'y faisait rien.

Enfin, j'ai appris depuis qu'il existe une forme un peu particulière de matelotage : un habile brelage sur une torche suspendue dans le gréement peut simuler dans la nuit une activité intense à bord. Alors, dans le cas où par chance un clapot viendrait renforcer la supercherie, l'effet obtenu pourrait éventuellement permettre à un équipage d'aller dormir, tandis que les poursuivants s'énervent. Allez savoir, l'ambiance était si relax à bord de *Myrialis*...

Épilogue

Couper une ligne imaginaire

Qui douterait de ces récits ? Ces histoires de quart viennent pourtant d'un autre monde. Le large où tout est incertain, où même les vérités disparaissent, ébranlées par le mouvement permanent, l'eau, le sel, les vents. Sans imagination, qui résisterait en mer ?

Et avec l'imaginaire, l'enfance n'est jamais très loin. Gamins et sponsors se retrouvent dans la même candeur. L'un et l'autre imaginent des héros invincibles, conçoivent des histoires de survie et de luttes homériques, rêvent de victoires. Leurs projets deviennent vite inouïs. L'enfant n'avouera rien à ses parents, le patron rien à ses actionnaires. Ces rêves-là exigent le secret.

Pour l'enfant, un lit superposé suffit à évoquer le plus rapide des multicoques. Les budgets sont incomparables. Un bolide avec échelle de coupée, passerelle à l'étage et spinnaker en traversin prêt à hisser à tout moment. Le gosse se penche vers les abîmes, inquiet, les requins tournent, un cachalot observe, une coque retournée dérive entre deux eaux.

Qui, sinon l'enfant qui se cache derrière le sponsor, oserait se lancer dans la construction de ces engins dispendieux et fragiles capables de frôler les quarante nœuds et dont l'unique fonction économique se limite à l'écriture d'aventures qui n'ont qu'un seul témoin ?

La lutte est âpre pour qui veut financer pareilles rêveries. La mer n'hésite pas à briser les convictions et l'arrogance de ceux qui prétendent l'utiliser. Elle préfère les gamins teigneux. Elle construit de jolis défis, mais n'a jamais le moindre scrupule lorsqu'il s'agit d'engloutir des fortunes.

Ces histoires se terminent, alors que Bertrand cherche encore à convaincre de nouveaux financeurs qu'ils pourraient faire rêver d'autres enfants, embarquer vers d'autres récits, qu'il peut encore naviguer, courir, gagner aussi parfois.

Si l'histoire du « Grand Coureur »
A su vous toucher le cœur,
Ayez donc belles manières
Et payez-nous largement…
Du vin, du rack, de la bière,
Et nous serons tous contents !
Allons les gars, gai, gai,
Allons les gars, gaiement !…

(chant de marins traditionnel)

Table des matières

Tous nos titres et nouveautés
www.editionsfavre.com

Achevé d'imprimer en Octobre 2007 sur les presses de l'Imprimerie SCHRAAG - 90300 VALDOIE.
N° d'imprimeur : 0797289. Dépôt légal : 4ème trimestre 2007.
Imprimé en France